汽车底盘
技术基础与检修

李月超　赵 蕊　堵卫红　著

延吉·延边大学出版社

图书在版编目（CIP）数据

汽车底盘技术基础与检修 / 李月超，赵蕊，堵卫红

著 . -- 延吉 ： 延边大学出版社，2024. 6. -- ISBN 978-
7-230-06739-3

Ⅰ. U472.41

中国国家版本馆 CIP 数据核字第 20246217M3 号

汽车底盘技术基础与检修

著　者：李月超　赵蕊　堵卫红
责任编辑：朱秋梅
封面设计：文合文化
出版发行：延边大学出版社
社　　址：吉林省延吉市公园路 977 号
邮　　编：133002
网　　址：http://www.ydcbs.com
E-mail：ydcbs@ydcbs.com
电　　话：0433-2732435
传　　真：0433-2732434
发行电话：0433-2733056
印　　刷：三河市嵩川印刷有限公司
开　　本：787 mm×1092 mm　1/16
印　　张：14
字　　数：257 千字
版　　次：2024 年 6 月　第 1 版
印　　次：2024 年 6 月　第 1 次印刷
ISBN 978-7-230-06739-3

定　　价：52.00 元

前　言

在当今这个快速变化的时代，汽车作为现代文明的重要标志，其技术的进步和创新不断推动着整个社会的发展。汽车底盘技术，作为汽车工程的核心组成部分，对于增强车辆的性能、安全性和驾驶体验起着至关重要的作用。随着新材料、新工艺的不断涌现以及电子控制技术的飞速发展，汽车底盘系统正经历着前所未有的变革。本书旨在为读者提供一个全面、深入的视角，以了解和掌握现代汽车底盘技术的基本原理、关键技术和检修方法。

本书首先回顾了汽车底盘的发展历程，从早期的机械时期到如今的智能化时代，底盘技术经历了从简单到复杂，从粗糙到精细的演变。特别是近年来，随着电动汽车、自动驾驶等前沿技术的兴起，底盘系统的设计和制造正朝着轻量化、模块化、智能化和集成化方向发展。这些变化不仅提高了汽车的性能，也为环保和可持续发展做出了贡献。

在详细介绍了汽车底盘的主要组成部分，如悬挂系统、制动系统、转向系统、传动系统等之后，本书深入探讨了这些系统的设计原则、功能作用以及它们在实际应用中的重要性。通过对这些关键系统的分析，读者可以更好地理解汽车底盘如何支撑车身、传递动力、吸收冲击以及保证操控性。

此外，本书还特别强调了底盘系统的分类方法，包括按结构、承载方式、用途和制造工艺等不同维度的分类。这些分类不仅有助于我们更好地认识底盘系统的多样性，也为汽车制造商提供了设计和优化底盘系统的参考依据。特别是在现代乘用车、商用车和专用车的设计中，底盘系统的选择和配置对于满足不同市场需求和驾驶环境具有重要意义。

在技术发展方面，本书详细阐述了底盘轻量化设计、高强度材料的应用以及电子控制技术的进步。轻量化设计通过优化材料和结构，有效降低了整车重量，提高了燃油经济性和动力性能。高强度材料的应用则显著提升了底盘的承载能力和安全性。而电子控制技术的进步，如线控技术、电子稳定程序等，为实现更高级别的自动驾驶功能奠定了基础。

在底盘系统的检修部分，本书提供了详尽的指导，包括悬挂系统、转向系统、制动系统、传动系统以及底盘电子控制系统的检查、维护和故障诊断。这些内容不仅涵盖了传统的机械部件，还包括了现代汽车中日益增多的电子元件。通过对这些系统的深入了解，维修技师能够更准确地诊断问题，提高维修效率，确保车辆的安全和可靠性。

　　总之，本书为汽车工程领域的专业人士、学生以及汽车爱好者提供了宝贵的知识和实践指导。它不仅是一部技术手册，更是一部引领读者深入理解汽车底盘技术发展脉络的著作。随着汽车技术的不断进步，我们期待本书能够激发更多的创新思维，为汽车行业的未来发展贡献力量。

目　　录

第一章 汽车底盘概述

第一节 汽车底盘的定义与组成

一、汽车底盘的定义

汽车底盘是汽车结构中的一个重要组成部分，它为汽车提供了基本的支撑和承载平台。汽车底盘的主要功能是支撑、安装汽车发动机及其各部件、总成，形成汽车的整体造型，同时接受发动机的动力，使汽车能够运动并保证正常行驶。底盘系统通常包括传动系统、悬挂系统、转向系统和制动系统等四部分。

汽车底盘的发展历史可以概括为以下几个阶段：

（一）早期底盘设计（机械时期）

在汽车问世初期，底盘的设计相对简单。早期汽车使用的是木质底盘，其结构简单，主要通过驾驶员的操作来控制车辆的动态行为。

（二）机电混合时期

随着汽车工业的发展，底盘系统开始引入液压和电子技术。例如，液压转向和液压制动系统的出现，减轻了驾驶员的操作负担，同时增强了车辆的操控性和安全性。

（三）智能时期

在现代汽车中，底盘系统已经高度电子化和智能化。随着电动化和自动驾驶技术的发展，底盘系统变得更加复杂，集成了更多的电子控制单元（ECU），实现了更精确的车辆动态控制。例如，电子稳定性控制系统（ESC）、自适应巡航控制系统（ACC）、自动紧急制动系统（AEB）等，都是现代汽车底盘系统智能化的体现。

（四）未来发展趋势

随着汽车行业向电动化、智能化、网联化和共享化发展，汽车底盘将继续朝着轻量化、模块化、智能化和集成化方向发展。线控技术（如线控制动和线控转向）的应用将使得底盘系统更加灵活和高效，同时，底盘系统也将更加注重安全性、舒适性和个性化需求。

汽车底盘的发展历程反映了汽车技术的不断进步，从最初的简单机械结构到现在的高科技集成系统，底盘系统在汽车性能、安全性和驾驶体验方面发挥着至关重要的作用。

二、汽车底盘的主要组成部分

（一）车架

车架是汽车底盘的主体结构，它支撑着汽车的所有其他部件，如发动机、悬挂系统、车轮等。车架的设计和材料直接影响到汽车的强度、刚性和重量。

（二）悬挂系统

悬挂系统连接车轮和车架，负责吸收路面的冲击，保证车辆行驶的平稳性和舒适性。它包括弹簧、减震器、稳定杆等部件。

（三）转向系统

转向系统能使驾驶员在行驶车辆过程中控制汽车的方向。它包括转向齿轮、转向柱、转向机等部件。

（四）制动系统

制动系统能够使驾驶员在行驶过程中按照自己的要求减速或停车。它包括制动盘、制动鼓、制动卡钳、制动液等。

（五）车轮和轮胎

车轮和轮胎是汽车与路面接触的部分，负责传递动力和承受载荷。轮胎的选择对汽车的操控性、舒适性和燃油经济性有重要影响。

（六）传动系统

驱动系统包括发动机、变速器、差速器等，负责将发动机产生的动力传递给车轮。

（七）排气系统

排气系统负责将发动机燃烧后的废气排出车外，同时减少噪声和污染。

（八）燃油系统

燃油系统负责为发动机储存和输送燃油，包括燃油箱、燃油泵、喷油器等。

（九）电气系统

电气系统包括蓄电池、发电机、启动机、点火装置等，为汽车提供电力。

汽车底盘的设计和制造需要考虑到多种因素，如安全性、操控性、耐用性、成本和重量分布等。随着汽车技术的发展，现代汽车底盘越来越多地采用轻量化材料和先进的制造工艺，以提高性能和燃油效率。

三、汽车底盘的分类

汽车底盘的分类可以根据其结构和用途进行划分。以下是几种常见的分类方式：

（一）按结构分类

1.梯形底盘

这是最早的汽车底盘形式，由两个纵向大梁和几个横向支撑构成，形状类似梯子。这种底盘在商用车、皮卡车和部分 SUV 中仍然使用。

梯形底盘虽然在一定程度上满足了汽车的基本需求，但随着汽车技术的不断发展，其局限性也逐渐显现。首先，梯形底盘的横向稳定性较差，在高速行驶时容易产生晃动，影响驾驶安全性和乘坐舒适度。其次，梯形底盘的刚性较弱，无法承受更大功率和更高扭矩的发动机，限制了汽车性能的提升。此外，梯形底盘制造成本较高，不利于汽车产业的发展。

为了解决这些问题，汽车制造商开始研发新型底盘。其中，最具有代表性的就是承载式车身底盘。承载式车身底盘对车身和底盘进行一体化设计，提高了车辆的刚性和稳定性，同时降低了制造成本。这种底盘结构在轿车、SUV 和 MPV（多用途汽车）等车型中广泛应用。

2.管阵底盘

这种底盘采用管状空间框架结构,通常用于高性能的跑车和赛车,以提供更高的稳定性和轻量化。

管阵底盘,也称为管状空间框架底盘或管状车架,是一种专为高性能车辆设计的底盘结构,它以高强度和轻量化为主要特点。这种底盘结构由一系列管状金属构件(通常是钢管或铝合金管)通过焊接或螺栓连接,形成一个坚固的三维空间框架。这种设计在赛车和高性能跑车中非常流行,因为它能够提供出色的刚性和扭转刚度,这对于车辆的操控性和高速行驶中的稳定性至关重要。

管阵底盘的优点包括:

(1)高强度和刚度:管状结构能够有效地分散和吸收冲击力,提供更好的抗扭和抗弯性能,这对于在高速行驶和激烈驾驶中保持车辆稳定性非常重要。

(2)轻量化:管阵结构通常比传统的梯形或承载式车身轻,这有助于提高车辆的动力性能和燃油经济性。

(3)定制性和灵活性:管阵底盘可以根据车辆的具体需求进行定制,设计师可以根据车辆的用途和性能要求调整管材的直径、壁厚和布局。

(4)安全性:在发生碰撞时,由于管阵底盘能够在一定程度上吸收和分散冲击力,因此能够更好地保证驾驶员和乘客的安全。

然而,管阵底盘也有一些局限性:

(1)制造成本:由于其复杂的制造工艺,管阵底盘的制造成本通常高于传统的车身结构。

(2)舒适性:由于其刚性较高,管阵底盘在舒适性方面可能不如承载式车身,尤其是在处理路面不平和吸收震动力方面。

(3)维修难度:一旦管阵底盘受损,通常在修复时比传统车身结构更为困难和昂贵。

尽管如此,管阵底盘在追求极致性能的领域,如赛车和超级跑车中,仍然是一个受欢迎的选择。随着材料科学和制造技术的进步,管阵底盘的设计和应用将会继续发展,以满足未来汽车对于性能、安全和环保方面的更高要求。

（二）按承载方式分类

1.非承载式车身

这种底盘具有独立的车架，车身安装在车架上。这种结构强度高，承载能力强，但舒适性相对较差。常用于越野车、大型商用车等。

非承载式车身是一种传统的汽车结构设计，其中车架（也称为底盘或车体）是车辆的主要支撑结构，车身（包括车门、车窗、车顶等）则安装在车架上。这种设计的主要特点和应用如下：

（1）独立的车架：车架通常由高强度的钢材形成一个坚固的框架，用于支撑车辆的所有机械部件，如发动机、悬挂系统、传动系统等。

（2）车身与车架分离：车身和车架之间通过螺栓、夹具或其他连接方式固定，这种分离设计使得车身可以在不拆卸车架的情况下进行更换或维修。

（3）高强度和承载能力：非承载式车身结构因其独立的车架设计，使其具有很高的强度和很强的承载能力，因此它非常适合用于越野车、皮卡车、重型卡车和其他需要承受重载和恶劣路况的车辆。

（4）耐用性和可靠性：由于非承载式车身车架和车身分离，即使车身受损，车架仍能保持完好，这就增强了车辆的整体耐用性和可靠性。

（5）舒适性：虽然非承载式车身在结构上非常坚固，但由于车身与车架之间存在一定的间隙，这可能导致在行驶过程中产生额外的震动，从而影响舒适度。

（6）制造和维修：非承载式车身的制造成本相对较低，因为它能使用更简单的车身结构。同时，由于车身和车架的分离，维修和更换也相对容易。

（7）应用领域：非承载式车身广泛应用于越野车、皮卡车、SUV、商用车、军用车辆等领域，这些车辆通常需要在恶劣的路况下行驶，并且需要较强的承载能力和耐用性。

随着汽车技术的发展，非承载式车身结构在现代乘用车中的应用逐渐减少，尤其是在轿车和城市 SUV 中，因为这些车型更注重舒适性和燃油经济性。然而，在需要高强度和高承载能力的车辆中，非承载式车身仍然是一个有效的解决方案。

2.承载式车身

承载式车身的结构是车身和底盘一体化，没有独立的车架。这种结构重量轻，制造工艺复杂，但能提供更好的舒适性和安全性。大多数现代轿车和城市 SUV 采用这种结构。

承载式车身，也称为单体车身或整体式车身，是一种将车身和底盘结构合并为一个整体的汽车设计。这种设计在现代汽车制造中非常普遍，尤其是轿车、小型 SUV 和一些轻型商用车。承载式车身的主要特点和优势如下：

（1）一体化结构：车身和底盘作为一个整体设计，没有独立的车架。这种结构减少了零件数量，简化了装配过程。

（2）轻量化：由于减少了额外的车架结构，承载式车身通常比非承载式车身轻，这有助于提高燃油效率和动力性能。

（3）舒适性：由于车身直接承受路面的冲击，承载式车身设计通常能更好地吸收和分散这些冲击，从而提供更舒适的乘坐体验。

（4）安全性：承载式车身结构中对高强度钢和热成型钢等材料的应用，增强了车辆的安全性。在发生碰撞时，能够更有效地分散冲击力，以保护车内乘员。

（5）制造工艺：承载式车身的制造工艺相对复杂，需要精确的焊接技术和先进的装配流程。这通常涉及激光焊接、机器人自动化装配等现代制造技术。

（6）空间利用：由于没有独立的车架，承载式车身设计内部空间布局更为灵活，为乘客和行李提供了更多的空间。

（7）成本和维修：承载式车身虽然制造工艺复杂，但由于车身和底盘的一体化设计减少了潜在的连接点故障，因此在长期使用中能够降低维修成本。

（8）应用领域：承载式车身广泛应用于现代乘用车，包括轿车、小型 SUV、MPV 等，这些车辆通常在城市道路和良好路况下行驶，对舒适性和燃油经济性有较高要求。

随着汽车工业的发展，承载式车身结构也在不断优化，以符合日益严格的安全标准和环保法规，同时能为驾驶员提供更好的驾驶体验。

（三）按用途分类

1.乘用车底盘

乘用车底盘是专为乘用车设计的。在设计过程中，不仅关注车辆的舒适性，还重视燃油经济性。为了实现这一目标，底盘工程师在设计时采用了先进的技术和材料。接下来，我们来详细了解乘用车底盘的关键组成部分，以及它们是如何为舒适性和燃油经济性保驾护航的。

首先，为了减轻车辆重量，乘用车底盘采用轻量化设计，从而提高燃油经济性。工程师通过使用高强度钢、铝合金等轻质材料，实现底盘的轻量化。此外，底盘结构也经过优化，减少了不必要的零部件，以降低制造成本。

其次，悬挂系统在舒适性和燃油经济性方面起到重要作用。乘用车底盘采用多种先进的悬挂技术，如麦弗逊式独立悬挂、多连杆式独立悬挂等，有效降低车辆在行驶过程中的颠簸感，提高乘坐舒适性。同时，这些悬挂系统还能在行驶过程中保持良好的稳定性，降低油耗。

此外，乘用车底盘还配备了先进的制动系统，如电子制动力分配（EBD）、刹车辅助系统（BAS）等。这些系统在保障车辆安全的同时，也能提高燃油经济性。例如，EBD系统能根据车辆载荷自动调整制动力分配，增强制动效果，缩短制动距离；BAS系统则在驾驶员刹车时提供辅助，减小刹车力度，降低油耗。

最后，乘用车底盘还关注噪声、振动与声振粗糙度（NVH）的控制。通过采用隔音材料、减震器等组件，减少车辆在行驶过程中产生的噪声和震动，提高乘坐舒适性。同时，工程师还针对底盘进行精细化调校，使车辆在各种路况下都能表现出良好的行驶品质。

2.商用车底盘

商用车底盘作为商用车辆的核心组成部分，其性能和质量至关重要。在设计和技术方面，商用车底盘需要满足不同类型商用车辆的使用需求，如载重、载人数量、行驶条件等。为了确保车辆的安全性和稳定性，商用车底盘在材料、工艺和结构方面有严格的要求。

首先，商用车底盘需要具备较高的承载能力。商用车辆在运输过程中，往往会承受较大的载重压力。因此，底盘需要采用高强度、耐磨的材料，如高强度钢和铝合金等，以保证在复杂路况下车辆的稳定性和安全性。此外，合理的底盘结构设计，如加强梁和悬挂系统，也能有效提高承载能力。

其次，商用车底盘要具备良好的耐用性。商用车辆在使用过程中，会面临各种恶劣条件，如高温、高湿、冰雪等。为此，底盘零部件需要经过严格的工艺处理，提高抗腐蚀、抗磨损能力。同时，商用车底盘还需要具备足够的刚度和抗扭曲性能，以应对不同路况带来的冲击和变形。

此外，商用车底盘在满足承载能力和耐用性的同时，还需关注驾驶舒适性和操控性。在底盘调校方面，可以通过优化悬挂系统和减震器参数，以提高车辆在行驶过程中的平稳性。同时，电子辅助系统如稳定控制系统、牵引力控制系统等，也能有效提高商用车辆的操控性。

3.专用车底盘

为特定用途设计的汽车，如消防车、救护车、工程车等，根据其用途不同，需要设计不同的结构和配置。

专用车底盘的设计和生产，始终以满足特定用途为首要任务。例如，消防车底盘需要具备强大的承载能力和高速行驶性能，以确保在紧急情况下能迅速抵达现场；救护车底盘则需注重平稳性和舒适性，保障病患在转运过程中的安全；工程车底盘则强调恶劣环境下的越野性能和可靠性，以便在各种复杂的施工环境中高效作业。

由于不同专用车底盘的用途和性能要求各异，因此在设计和生产过程中，各厂家会有针对性地进行结构和配置调整。例如，消防车底盘通常会配备高强度钢材制造的车身，以增强整体结构的牢固性；救护车底盘则会采用独立悬挂系统，以提高行驶舒适性；工程车底盘则会搭载特殊的驱动系统和越野轮胎，以增强越野性能和抓地力。

（四）按制造工艺分类

1.焊接底盘

通过焊接技术将金属部件连接在一起，是现代汽车制造中常见的工艺。

焊接底盘的过程可以分为三个阶段，分别是准备阶段、焊接阶段和检验阶段。在准备阶段，首先需要对焊接部件进行清洗，去除油污、氧化皮和焊渣等，以保证焊接质量。其次，对焊接部件进行装配，确保各个部件的位置准确无误。最后，需选择合适的焊接工艺和焊接参数，以满足焊接强度和焊缝美观的要求。

在焊接阶段，焊接工人需要根据焊接工艺要求，操作焊接设备进行焊接。常见的焊接方法有手工电弧焊、气体保护焊、激光焊等。焊接时，应严格控制焊接电流、电压、焊接速度等参数，以确保焊缝的质量。同时，焊接工人还需注意焊接顺序和焊接方向，以避免焊缝产生缺陷。

在检验阶段，要对完成焊接的底盘进行质量检查。检查内容包括焊缝质量、焊缝尺寸、焊接强度等。对于不合格的焊缝，需要及时进行修复。检验合格后，底盘方可进入下一道工序进行加工。

随着焊接底盘技术的不断创新，如今已经采用了许多先进的焊接设备和技术。例如，机器人焊接技术可以实现高效率、高质量的焊接，大大提高了生产效率。此外，激光焊接技术以其高能量密度、熔化速度快等特点，在焊接底盘等高强度钢板上应用具有优越的性能。

第一章 汽车底盘概述

2.铸造底盘

铸造底盘部件是指通过铸造工艺制造的汽车底盘组件，这种工艺通常用于生产那些需要承受高负荷和复杂应力分布的部件。铸造是一种将熔融金属倒入模具中，待其冷却凝固后形成所需形状和尺寸的金属部件的制造过程。在汽车底盘制造中，铸造部件的应用具有以下特点：

（1）高强度和耐久性：铸造工艺能够生产出具有高强度和良好耐久性的部件，这些部件能够承受汽车在行驶过程中产生的各种应力，如弯曲、扭转和冲击。

（2）复杂形状：铸造工艺可以制造出具有复杂内部结构和外部形状的部件，这对于提高部件的功能性和减轻重量非常重要。

（3）材料多样性：铸造可以使用多种金属材料，如铝合金、镁合金、铸铁和高强度钢等，这些材料可以根据部件的具体应用需求进行选择，以达到最佳的性能和成本效益。

（4）成本效益：由于模具的制造和维护成本可以在大量生产中进行分摊，因此在大批量生产时，铸造工艺可以提供较高的成本效益。

（5）重量优化：通过优化设计和选择合适的材料，铸造部件可以实现轻量化，这对于提高汽车的燃油经济性和稳定性至关重要。

（6）热处理和表面处理：铸造后的部件通常需要经过热处理和表面处理，以进一步提高其强度和耐磨性，同时改善外观和防腐性能。

在汽车底盘中，铸造部件可能包括发动机支架、悬挂系统部件、转向节、差速器壳体等。这些部件在设计时需要考虑到其工作环境和在车辆运行过程中承受的载荷，确保其在长期使用中保持可靠性和稳定性。随着铸造技术的不断进步，如精密铸造、半固态铸造等先进工艺的应用，铸造底盘部件的性能和质量将得到进一步提高。

（五）按技术发展阶段分类

1.传统汽车底盘

传统汽车底盘，主要依赖机械结构，如液压助力转向、机械式制动系统等。

传统底盘通常指的是在现代电子和计算机技术广泛应用之前，汽车底盘系统主要依赖于机械结构和液压系统的设计理念。这种底盘系统的特点如下：

（1）液压助力转向：在没有电子助力转向系统（EPS）的时代，液压助力转向是常见的转向辅助系统。它通过液压泵和液压缸来提供额外的力，帮助驾驶员转动方向盘，

9

降低驾驶过程中的劳动强度。

（2）机械式制动系统：传统的机械式制动系统包括鼓式制动器和盘式制动器，它们通过机械连杆和液压系统将驾驶员踩下制动踏板的力转化为制动器对车轮的制动力。

（3）机械悬挂系统：传统的悬挂系统通常包括弹簧、减震器和稳定杆等机械部件，用于吸收路面冲击，保持车辆稳定。

（4）手动变速器：在自动变速器普及之前，大多数汽车都配备了手动变速器，驾驶员需要通过操作离合器和换挡杆来控制车辆的加速和减速。

（5）机械式仪表板：传统的汽车仪表板通常包括机械指针式速度表、转速表、油压表、水温表等，这些仪表通过机械连杆与车辆的各个系统相连，显示实时数据。

（6）机械钥匙启动：在无钥匙启动系统出现之前，汽车通常使用机械钥匙来启动发动机。

（7）机械式燃油系统：传统的燃油系统依赖于机械泵和喷油器来控制燃油的供应，而不是现代的电子燃油喷射系统。

随着汽车技术的发展，现代汽车底盘系统已经大量采用了电子控制单元（ECU）和传感器，实现了更精确的控制和更高的效率。例如，电子助力转向（EPS）取代了液压助力转向，电子稳定程序（ESP）提高了车辆的操控安全性，电子燃油喷射（EFI）系统提高了燃油经济性和排放性能。尽管如此，一些传统底盘的元素，如机械式悬挂和制动系统，仍然在某些车型中使用，尤其是在强调可靠性和成本效益的车型中。

2.现代汽车底盘

现代汽车底盘系统已经从传统的机械结构转变为高度集成的电子化和智能化系统。这些系统通过电子控制单元（ECU）和先进的传感器技术，实现了对车辆动态的精确控制，从而显著提高了车辆的操控性、安全性和舒适性。以下是现代汽车底盘系统的几个特点：

（1）电子稳定性控制系统（ESC）：这是一种主动安全系统，通过监测车辆的行驶状态，如车速、转向角度、侧倾角等，自动调整刹车力和发动机输出，帮助驾驶员保持车辆在预期的行驶轨迹上，防止打滑和失控。

（2）电子助力转向（EPS）：EPS系统通过电动机提供转向助力，取代了传统的液压助力转向。这个系统可以根据车速和转向需求调整助力大小，以提供更精确的转向反馈，同时提高燃油经济性。

（3）防抱死制动系统（ABS）：ABS 系统通过电子控制单元监测车轮速度，防止在紧急制动时车轮抱死，从而保持车辆的操控性，缩短制动距离。

（4）牵引力控制系统（TCS）：TCS 系统通过控制发动机输出和刹车力，防止车轮在加速时打滑，提高车辆在湿滑路面上的牵引力。

（5）自适应巡航控制（ACC）：ACC 系统能够自动调整车速，保持与前车的安全距离，减轻驾驶员在长途驾驶中的疲劳。

（6）智能悬挂系统：现代悬挂系统包括可调节的减震器，如磁流变减震器或空气悬挂，它们可以根据路面条件和驾驶模式自动调整悬挂刚度，以提供更舒适的乘坐体验。

（7）电子控制防滑差速器（ELSD）：在四驱车辆中，ELSD 系统可以自动分配扭矩到各个车轮，增强车辆在各种路面条件下的抓地力和稳定性。

（8）车辆动态管理系统（VDC）：VDC 系统整合了多种电子辅助系统，如 ESC、TCS 和 ABS，能对行驶中的车辆实现更全面的动态控制。

现代汽车底盘系统的发展不仅增强了车辆的性能，还为未来自动驾驶技术的应用奠定了基础。随着汽车电子技术的进步，未来的底盘系统将更加智能化，能够实现更高级别的自动驾驶功能，如完全自动驾驶和车联网（V2X）通信。

以上这些分类方式并不是互斥的，一个底盘可能同时属于多个分类。随着汽车技术的发展，汽车底盘的设计和制造越来越注重轻量化、模块化和智能化，以适应不断变化的市场需求和环保法规。

第二节 底盘系统的功能与作用

底盘系统在汽车中扮演着至关重要的角色，其功能和作用主要包括以下几个方面：

一、支撑车身

底盘系统在汽车工程中起着至关重要的作用，它为车身提供了稳固的支撑，确保车身结构在各种行驶条件下保持稳定性。比如在汽车加速、制动、转向和通过不平整路面时，能够使车身保持在正确的位置和姿态。

底盘系统的主要功能包括承载车身、吸收汽车在行驶过程中的产生的震动和冲击、传递动力以及控制车身的运动。为了实现这些功能，底盘系统采用了多种先进的技术和设计。

底盘系统在加速过程中发挥着至关重要的作用。当驾驶员踩下油门时，底盘系统会迅速响应，调整车身的姿态，使车身保持在正确的位置。这需要底盘系统具备高效的运动控制能力，以确保加速过程中车身的稳定。

在制动过程中，底盘系统同样发挥着关键作用。当驾驶员踩下刹车踏板时，底盘系统会立即启动，通过调整车轮与地面之间的摩擦力，使车身平稳地减速或停车。在这个过程中，底盘系统需要对车身的运动进行精确控制，以防止制动过程中的"点头"现象。

在转向过程中，底盘系统也起着至关重要的作用。当驾驶员操作方向盘时，底盘系统会根据车速和转向角度调整车轮的转向力度，使车身在行驶过程中保持稳定的转向姿态。这需要底盘系统具备强大的转向控制能力，以确保在高速行驶或恶劣天气条件下，车身依然能够灵活转向。

汽车在通过不平整的路面时，底盘系统能够吸收车辆产生的震动和冲击。通过采用弹性元件和减震器等设计，底盘系统可以有效地减小车身受到的冲击力，提高行驶舒适性。同时，底盘系统还需要具备足够的刚度，以确保在恶劣路况下车身结构不会受到损坏。

总之，底盘系统在汽车结构中扮演着举足轻重的角色。在未来的汽车发展中，底盘系统将继续优化升级，为驾驶员带来更加舒适、安全的驾驶体验。

二、安装和连接

底盘系统是汽车上各种机械和电子部件的安装平台，如发动机、变速器、悬挂系统、制动系统、排气系统等。它通过精确的安装点和连接件，确保这些部件能够正确地工作并相互协作。

底盘系统在汽车制造中起着至关重要的作用，它不仅承载着车辆的重量，还担负着驾驶者和乘客安全的重任。因此，底盘系统的设计和制造必须具备高度的可靠性和安全性。

三、传递动力

底盘系统通过传动系统（包括驱动轴、差速器等）将发动机产生的动力传递到车轮，使车辆得以行驶。传递动力是汽车底盘系统中的一个关键功能，这一过程涉及多个部件和系统，主要包括：

（一）发动机

作为动力源，发动机通过燃烧燃料产生动力，驱动活塞运动，进而通过曲轴将动力输出。

（二）离合器（对于手动变速器车辆）

离合器位于发动机和变速器之间，负责在驾驶员操作时连接或断开发动机与变速器之间的动力传递。

（三）变速器

变速器根据驾驶员的意图（通过油门和刹车踏板）调整发动机输出的扭矩和转速，以适应不同的行驶条件。它通过齿轮的啮合和分离来实现这一功能。

（四）驱动轴

驱动轴，也称为传动轴，是连接变速器和车轮的部件，它将变速器输出的动力传递到差速器。

（五）差速器

差速器位于驱动轴的末端，靠近车轮。它的主要作用是在车辆转弯时能确保左右车轮以不同的速度旋转，同时在车轮失去抓地力时重新分配扭矩，以提高车辆的牵引力和稳定性。

（六）半轴

半轴是连接差速器和车轮的短轴，它们将差速器的动力传递到车轮，以驱动车辆前进。

（七）车轮和轮胎

动力通过半轴最终传递到车轮，车轮与地面接触产生摩擦力，推动车辆行驶。

在现代汽车中，这一动力传递过程可能还包括电子控制单元（ECU）的精确控制，以优化动力输出和提高燃油效率。例如，电子控制的变速器（如自动变速器或双离合变速器）能够根据实时数据自动调整换挡策略，而电子差速器（如电子控制防滑差速器）可以在车轮打滑时迅速调整扭矩分配，提高车辆的操控性和安全性。

四、吸收冲击

悬挂系统是汽车底盘中至关重要的组成部分，它不仅关系到车辆的行驶稳定性，还直接影响到乘坐的舒适性和操控性。悬挂系统的主要功能和作用包括：

（一）吸收冲击

悬挂系统通过弹簧、减震器（如液压减震器或气压减震器）和橡胶衬套等组件，有效地吸收路面的颠簸和不平，减小传递到车身和乘客身上的冲击力，从而提供平稳的行驶体验。

（二）维持车辆平衡

在车辆加速、制动或转弯时，悬挂系统帮助维持车辆的平衡，防止车身过度倾斜，确保车辆保持稳定的姿态。

（三）提供良好的操控性

悬挂系统的设计和调校对于车辆的操控性至关重要。它需要在提供舒适性的同时，确保车辆在高速行驶或紧急操作时仍具有良好的响应性和稳定性。

（四）减少磨损

通过吸收和分散车辆行驶过程中带来的路面冲击力，悬挂系统能减少对车辆其他部件（如车身、发动机、变速器等）的磨损，延长这些部件的使用寿命。

（五）适应不同的驾驶需求

现代悬挂系统往往具有可调性，能够根据路况和驾驶模式调整悬挂的刚度和阻尼，以适应不同的驾驶需求。

（六）提高燃油经济性

良好的悬挂系统可以减少车辆在行驶过程中的能量损失，从而提高燃油经济性。

（七）增强安全性

在紧急制动或避让时，悬挂系统能够保持车轮与地面的良好接触，增强制动效果，减小制动距离，从而增强行车安全性。

（八）减少噪声和震动

悬挂系统通过隔离和吸收车辆在行驶过程中产生的噪声和震动，能够降低车内的噪声水平，为驾驶员提供更加宁静的驾驶环境。

悬挂系统的设计和材料选择（如使用铝合金、复合材料等轻量化材料）对于实现上述功能至关重要。随着汽车技术的进步，悬挂系统变得越来越智能化，如采用电子控制的主动悬挂系统，能够实时调整悬挂特性，以满足不同的驾驶需求，进一步提升车辆的整体性能。

五、保证操控性

通过转向系统和悬挂系统的协同工作，确保车辆在驾驶员的操作下能够灵活地改变方向和行驶轨迹，为驾驶员提供良好的操控感受。

六、制动安全

制动系统是底盘的重要组成部分，驾驶员通过制动系统确保车辆能够在需要时有效地减速或停车，保障行车安全。

七、散热和排放

冷却系统和排气系统也是汽车底盘系统的组成部分，它们分别负责发动机的散热和废气的排放，保持发动机在适宜的温度下运行，同时减少对环境的污染。

八、为电气系统提供支持

底盘系统为电气系统提供支持，包括电池、发电机、线束等，确保车辆的电气设备能够正常工作。

九、安全防护

在随底盘系统进行设计时还需要考虑碰撞安全，通过合理的结构设计和材料应用，提高车辆在发生碰撞时对乘员的保护能力。

十、适应性

底盘系统需要适应不同的驾驶环境和条件，无论是城市道路、高速公路还是越野地形，都要保证车辆的稳定性和可靠性。

底盘系统的设计和制造是汽车工程中的一个复杂领域，它直接影响到车辆的整体性能和驾驶体验。随着汽车技术的发展，现代底盘系统正朝着更加智能化、轻量化和环保的方向发展。

第三节 底盘技术的发展趋势

一、底盘轻量化设计

（一）底盘轻量化设计的定义

底盘轻量化设计是指在保证车辆性能、安全性和舒适性的前提下，通过优化设计、选择轻质材料和采用先进制造工艺，减轻汽车底盘系统的重量，从而减轻整车重量，提高燃油经济性、加速性能和操控性的一种设计策略。

（二）底盘轻量化设计的原理

1.材料科学：利用高强度钢、铝合金、镁合金、碳纤维复合材料等轻质高强度材料，这些材料在保持或提高结构强度的同时，具有较低的密度，能够有效减轻重量。

2.结构优化：通过计算机辅助设计和计算机辅助工程软件进行结构分析，优化部件的形状和尺寸，去除冗余材料，实现结构的轻量化。

3.集成化设计：将多个功能集成到单一部件中，减少零件数量，简化装配过程，降低整体重量和成本。

4.先进制造技术：采用如高压铸造、锻造、3D 打印等先进制造技术，生产出具有复杂形状和优异性能的轻量化部件。

5.连接技术：研究和开发新的连接技术，如激光焊接、黏结等，以满足不同材料之间的连接需求，确保轻量化部件的可靠性。

（三）底盘实现轻量化设计的可行性分析

1.技术成熟度：随着材料科学和制造技术的进步，轻量化材料和工艺的应用已经相对成熟，许多汽车制造商已经在量产车型中实施了轻量化设计。

2.经济效益：虽然轻量化材料和先进制造工艺的成本可能高于传统材料和工艺，但长期来看，轻量化可以降低燃油消耗，减少维护成本，提高车辆的市场竞争力。

3.环境影响：轻量化有助于减少车辆的碳排放，符合全球范围内对环保和可持续发展的要求。

4.市场需求：消费者对高性能、低能耗汽车的需求日益增长，推动了轻量化技术的发展和应用。

5.法规推动：许多国家和地区的环保法规和燃油经济性标准要求汽车制造商降低车辆的能耗，这为轻量化设计提供了政策支持。

6.供应链发展：随着轻量化技术的普及，相关的供应链也在逐步完善，为轻量化材料和部件的大规模生产提供了可能。

综上所述，底盘轻量化设计在技术上是可行的，且在经济、环境和市场需求等多方面都具有积极意义。随着汽车技术的不断进步和成本的逐渐降低，轻量化设计将在未来的汽车制造中扮演更加重要的角色。

二、底盘高强度材料的应用

底盘高强度材料的应用是汽车实现轻量化和提高性能的关键技术之一。高强度材料在底盘系统中的应用主要体现在以下几个方面：

（一）高强度钢

高强度钢和超高强度钢因其优异的强度和韧性，在汽车底盘零部件中得到了广泛应用。这些材料可以用于制造车身、底盘、悬架、转向等部件，通过减薄材料厚度来实现轻量化，同时保持或提高结构强度和安全性能。高强度钢的应用可以显著减轻车辆重量，提高燃油经济性和操控性。

（二）铝合金

铝合金因其轻质和良好的成型性，在汽车底盘中也有广泛应用。铝合金可以用于制造车轮、悬挂系统部件、副车架等，通过锻造、铸造等工艺成型。铝合金的应用有助于减轻整车重量，提高车辆的动态响应和燃油经济性。

（三）镁合金

镁合金是另一种轻质高强度材料，虽然成本相对较高，但其在高端车型和性能车型中的使用逐渐增多。镁合金可以用于制造转向节、座椅骨架等部件，以进一步减轻车辆重量。

（四）复合材料

复合材料，如碳纤维增强塑料和玻璃纤维增强塑料，在某些高性能车辆的底盘部件中也有应用。这些材料提供了极高的强度和刚度，同时重量轻，但制造成本和工艺复杂度较高。

（五）先进制造工艺

为了充分利用高强度材料的性能，汽车制造商采用了多种先进制造工艺，如液压成型、热成型、激光焊接等。这些工艺能够生产出具有复杂形状和优异性能的轻量化部件。

（六）结构优化设计

除了材料的选择，结构优化设计也是实现底盘轻量化的重要手段。通过计算机辅助设计和计算机辅助工程软件，工程师可以优化部件的结构，实现薄壁化、中空化、小型化，从而在保证汽车性能的前提下减轻重量。

高强度材料的应用不仅有助于实现汽车的轻量化，还对提高车辆的燃油经济性、降低排放、增强操控性和安全性具有重要意义。随着材料科学和制造技术的进步，未来高强度材料在汽车底盘中的应用将更加广泛，为汽车行业带来更多创新和突破。

三、底盘电子控制技术的进步

底盘电子控制技术的进步是汽车行业向智能化、电动化转型的关键驱动力之一。随着电子技术、计算机技术和传感器技术的快速发展，汽车底盘系统正逐步从传统的机械式结构转变为高度集成化的电子控制系统。这些进步主要体现在以下几个方面：

（一）线控技术

线控技术通过电子信号替代传统的机械连接，实现对汽车转向、制动、驱动等功能的精确控制。这种技术提高了响应速度，减少了机械磨损，同时为自动驾驶技术的发展提供了基础。

（二）电子稳定程序

电子稳定程序（ESP）通过监测车辆的行驶状态，如车速、转向角度、侧倾角等，自动调整刹车力和发动机输出，帮助驾驶员保持车辆在预期的行驶轨迹上，防止打滑和失控。

（三）防抱死制动系统

防抱死制动系统（ABS）在紧急制动时防止车轮抱死，通过电子控制单元（ECU）调节制动压力，确保车轮保持滚动，增强制动效果和车辆操控性。

（四）电子助力转向

电子助力转向（EPS）通过电动机提供转向助力，取代了传统的液压助力转向，提高了转向的精确性和舒适性，同时降低了能耗。

（五）主动悬挂系统

主动悬挂系统能够使汽车在行驶过程中根据路面状况和驾驶模式自动调整悬挂刚度，为驾驶员和乘客提供更舒适的乘坐体验和更好的操控性。

（六）电控驱动防滑系统

电控驱动防滑系统（ASR/TCS）通过控制车轮的牵引力，防止在加速或湿滑路面上打滑，增强车辆的稳定性和安全性。

（七）集成底盘控制策略

通过高速局域网（如控制器局域网总线，即 CAN 总线）将多个底盘电子控制系统结合起来，实现对底盘多层面的控制，如通过电子稳定控制系统（ESP）与主动悬挂系统的整合，能够优化整车动力学性能。

（八）电子真空泵

在电动汽车中，由于缺乏发动机产生的真空，电子真空泵被用来替代传统的机械真空泵，为制动系统提供必要的真空压力。

（九）电子液压制动和电子机械制动

电子液压制动（EHB）和电子机械制动（EMB）技术为电动汽车提供了更高效的制动解决方案，同时支持能量回收，提高能源利用效率。

随着汽车行业对智能化和电动化的追求，底盘电子控制技术将继续发展，为实现更高级别的自动驾驶、增强车辆性能和安全性，以及优化能源效率提供支持。未来，随着5G通信、人工智能和大数据分析等技术的融合，底盘电子控制系统将更加智能化，为人们带来更加丰富和个性化的驾驶体验。

第二章 悬挂系统原理与检修

第一节 悬挂系统的类型与结构

一、独立悬挂与非独立悬挂

独立悬挂和非独立悬挂是汽车悬挂系统的两种基本类型,它们在结构和工作原理上有所不同,但都旨在保证车辆的稳定性、舒适性和操控性。

（一）独立悬挂

独立悬挂系统是指车轮之间没有直接的机械连接,每个车轮可以独立地上下运动,不受另一车轮运动的影响。这种设计能使每个车轮根据路面状况独立进行调整,从而保证车辆的平稳性和操控性。独立悬挂系统包括麦弗逊式独立悬挂、双叉臂式独立悬挂、多连杆式独立悬挂等。

（二）非独立悬挂

非独立悬挂系统,也称为整体桥悬挂,是指车轮之间存在机械连接,一个车轮的运动会影响到另一个车轮。这种悬挂系统通常用于后轮驱动的车辆,如卡车和越野车。非独立悬挂的典型例子是叶片弹簧悬挂和扭杆梁悬挂。

（三）独立悬挂与非独立悬挂的相同之处

1.基本功能:无论是独立悬挂还是非独立悬挂,它们的主要功能都是支撑车辆重量、吸收路面冲击、保持车轮与地面的良好接触,以确保车辆的稳定性和舒适性。

2.组件组成:两者都包含弹簧(用于吸收冲击)、减震器(用于控制弹簧的反弹)

和导向机构（用于控制车轮的运动）。

（四）独立悬挂与非独立悬挂的不同之处

1.运动独立性：独立悬挂能使每个车轮独立运动，而非独立悬挂车轮之间会相互影响。

2.操控性：由于每个车轮都可以独立适应路面变化，因此独立悬挂通常能提供更好的操控性，而非独立悬挂在一侧车轮遇到凹凸时，另一侧车轮也会受到影响。

3.舒适性：独立悬挂在提供舒适性方面通常优于非独立悬挂，因为独立悬挂可以更好地隔离路面的不平整。

4.结构复杂性：独立悬挂的结构相对复杂，成本和维护要求可能高于非独立悬挂。

5.空间占用：独立悬挂通常要占用更多的空间，而非独立悬挂结构更为紧凑，适合空间受限的车辆设计。

在实际应用中，独立悬挂和非独立悬挂各有优势，选择哪种悬挂系统取决于车辆的设计目标、预期用途和成本考量。例如，高性能轿车和 SUV 通常采用独立悬挂以提供更好的操控性和舒适性，而一些商用车和越野车则可能采用非独立悬挂以满足其载重和耐用性需求。

二、悬挂系统的结构组成与功能

悬挂系统是汽车底盘的重要组成部分，它的主要作用是支撑车身、吸收路面冲击、保证车轮与地面的良好接触，以确保车辆的稳定性和舒适性。悬挂系统的结构组成通常包括以下几个关键部件：

（一）弹簧

弹簧是悬挂系统的核心部件，用于吸收车辆在行驶过程中产生路面的冲击和震动。常见的弹簧类型包括螺旋弹簧、板簧（叶片弹簧）、扭杆弹簧和空气弹簧等。

弹簧是悬挂系统中最基本也是最重要的部件之一，它的主要作用是吸收和储存路面的冲击力，减少车辆在行驶过程中的颠簸，保持车身稳定。弹簧的性能直接影响到车辆的舒适性和操控性。高质量的弹簧能够提供良好的行驶平顺性，同时在高速行驶和紧急制动时保持车辆稳定。

（二）减震器

减震器对于增强车辆的操控性和乘坐舒适性至关重要。减震器与弹簧配合工作，用于控制弹簧的压缩和回弹，防止弹簧过度振动，从而减少车身的震动和摆动，以确保驾驶员更好地控制车辆，从而在各种路况下都能使车辆保持稳定。常见的减震器类型有液压减震器、气压减震器和电磁减震器。

（三）横向稳定杆（防倾杆）

横向稳定杆的作用是减少车辆在转弯时的侧倾，以增强车辆的横向稳定性和操控稳定性。它通过连接左右两侧的悬挂系统，限制车身的侧向运动。尤其是在高速行驶和曲线行驶中，横向稳定杆能够有效地保持车辆的平衡，防止车身过度倾斜，确保车辆的稳定性和安全性。

（四）控制臂

控制臂是连接车轮和车身的部件，它决定了车轮的运动轨迹。它负责将来自路面的力量传递到车身，同时将车身的力量传递到车轮。控制臂的设计和调整对于车辆的操控性和舒适性有着直接的影响。正确的控制臂位置可以确保车轮在各种路况下保持良好的接地性。

（五）转向节

转向节是连接车轮和转向系统的部件，它保证车轮在转向时保持正确的角度，实现精确的转向控制。转向节的精确度和耐用性对于车辆的操控性和安全性至关重要。它确保了将驾驶员的转向指令能够准确无误地传递到车轮，增强了驾驶的安全性和舒适性。

（六）轴承和衬套

轴承和衬套用于支撑和引导悬挂系统的各个部件，减少摩擦，以确保悬挂系统的平稳运行。轴承是用于支撑和引导旋转部件的精密机械元件，它们保证车轮、转向节等部件在悬挂系统中平滑地旋转。轴承通过减少摩擦，确保部件能够高效、低磨损地运动。轴承的性能直接影响到悬挂系统的响应速度和耐用性。高质量的轴承可以减少能量损失，提高燃油效率，同时延长悬挂系统的使用寿命。

衬套是用于隔离和缓冲悬挂系统中不同部件之间的直接接触的部件。它们通常由橡胶或其他弹性材料制成，能够吸收和储存车辆在行驶过程中产生的冲击和震动，减少噪声，同时提供必要的灵活性，确保悬挂部件能在一定范围内移动。它们还有助于保护悬挂系统的金属部件免受磨损，延长整个系统的使用寿命。衬套的磨损或损坏会导致悬挂系统性能下降，影响车辆的操控性和舒适性，因此衬套对于增强乘坐舒适性和降低噪声至关重要。

对轴承和衬套在悬挂系统中的维护同样重要。定期检查和更换磨损的轴承和衬套可以确保悬挂系统的正常运作，避免因磨损导致的额外维修成本。对于高性能车辆或经常在恶劣路况下行驶的车辆，这些部件的维护尤为重要。随着技术的进步，一些现代车辆采用了更耐用的材料和设计，以提高轴承和衬套的寿命和性能。

（七）橡胶衬套

橡胶衬套在汽车悬挂系统中起着至关重要的作用，它们是连接悬挂部件与车身或车架的柔性连接件。橡胶衬套的主要功能和特点包括：

1.减震和隔震：橡胶衬套能够有效吸收和减少由路面不平、发动机振动等产生的冲击和震动，从而提高乘坐舒适性。它们通过自身的弹性变形来分散和吸收这些冲击力，减少传递到车身的震动。

2.减少噪声：橡胶衬套在减少噪声方面也起着重要作用。它们可以降低悬挂系统在运动过程中，尤其是在高速行驶或通过粗糙路面时产生的噪声。

3.保护金属部件：橡胶衬套可以防止悬挂系统中的金属部件直接接触，减少金属间的摩擦和磨损，延长部件的使用寿命。

4.提供灵活性：橡胶衬套确保悬挂部件在一定范围内自由移动，这对于悬挂系统的正常工作至关重要。它们提供了必要的灵活性，使得悬挂系统能够适应不同的路面条件。

5.易于安装和维护：橡胶衬套通常设计成易于安装和更换的形式，这使得悬挂系统的维护工作变得更加便捷。

6.适应性：橡胶衬套可以根据需要设计成不同的硬度和形状，以适应不同的悬挂系统设计和性能要求。

尽管橡胶衬套具有上述优点，但它们也有其局限性。随着时间的推移，橡胶会因老化、温度变化和化学腐蚀而退化，导致性能下降。因此，定期检查悬挂系统中的橡胶衬套并及时更换磨损或老化的衬套对于保持车辆性能至关重要。在一些高性能车辆或赛车中，可能会使用聚氨酯或其他高性能材料制成的衬套，以提供更好的耐用性和性能。

（八）连杆和球头

连杆和球头是悬挂系统中的关键部件，它们在确保车轮正确定位和悬挂系统正常运作方面发挥着重要作用。

1.连杆

（1）功能作用：连杆是悬挂系统中的杠杆臂，通常由金属制成，用于连接车轮和悬挂的其他部分，如弹簧和减震器。它们负责将来自路面的力量传递到车身，同时将车身的力量传递到车轮，确保车轮能够正确地跟随悬挂系统的运动。

（2）重要性：连杆的设计和位置对车辆的操控性、稳定性和舒适性有直接影响。它们需要承受大量的力和扭矩，因此必须具有足够的强度和耐久性。

2.球头

（1）功能作用：球头是一种可旋转的连接件，它确保连杆在多个方向上移动，同时保持车轮与悬挂系统的其他部件的精确连接。球头通常由一个球形的内球头和一个球形的外球头组成，内球头固定在悬挂系统上，外球头固定在连杆上，两者之间通过一个球形关节连接。

（2）重要性：球头能够提供必要的灵活性，确保了车轮能够正确地响应驾驶员的转向指令，以使车轮能够适应不同的路面状况，并保持正确的定位，因此它们对于车辆的操控性和行驶稳定性至关重要。

连杆和球头的维护对于悬挂系统的性能至关重要。随着使用时间的推移，球头可能会因磨损、腐蚀或润滑不足而变得松动，这会导致车辆操控性下降、噪声增加以及悬挂系统的过早磨损。定期检查和更换磨损的球头和连杆可以确保悬挂系统的正常运作，提高车辆的安全性和舒适性。在一些高性能车辆中，可能会使用更耐磨的材料和设计来制造这些部件，以适应更严苛的使用条件。

（九）车轮定位装置

车轮定位装置是悬挂系统中用于确保车轮正确定位的一系列部件，它们对于车辆的操控性、轮胎磨损和燃油经济性至关重要。车轮定位装置主要包括以下几个部分：

1.车轮定位螺栓

（1）功能作用：这些螺栓用于固定车轮相对于悬挂系统的位置，确保车轮在垂直和水平方向上的正确对齐。它们通常位于悬挂系统的控制臂上，通过调整螺栓的位置，可以改变车轮的定位角度。

（2）重要性：正确的车轮定位对于保持车辆直线行驶和减少轮胎磨损至关重要。不当的车轮定位会导致车辆在行驶过程中产生偏航，增加驾驶员的操控难度，加速轮胎磨损，甚至影响车辆的燃油效率。

2.调整螺母

（1）功能作用：调整螺母用于微调车轮的定位角度，如前束和倾角。这些螺母通常与车轮定位螺栓配合使用，确保进行精确的调整。

（2）重要性：通过调整螺母，可以优化车辆的操控性，确保车辆在各种路况下都能保持稳定。这对于提高驾驶安全性和舒适性非常重要。

3.偏心螺栓

（1）功能作用：偏心螺栓用于调整车轮的倾角，即车轮相对于垂直线的倾斜角度。通过改变偏心螺栓的位置，可以调整车轮的上倾或下倾，以适应不同的驾驶需求。

（2）重要性：正确的倾角设置有助于提高车辆的抓地力和操控性，特别是在高速行驶或曲线行驶时。此外，适当的倾角还可以减少轮胎磨损，延长轮胎寿命。

4.定位销

（1）功能作用：定位销是用于在安装过程中确保车轮定位部件正确对齐的小部件。它们通常用于调整控制臂与车轮之间的距离，以确保车轮在安装时处于正确的位置。

（2）重要性：使用定位销可以确保悬挂系统的安装精度，避免出现因安装不当而导致的车轮定位问题。

车轮定位装置的正确安装和调整对于车辆的整体性能有着显著影响。定期进行车轮定位检查和调整是维护车辆性能的重要部分，尤其是在更换轮胎、发生碰撞或感觉到车辆操控异常时。专业的车轮定位服务可以确保这些部件的正确设置，从而保持车辆的最佳行驶状态。

（十）电子控制单元（ECU）

电子控制单元是现代汽车中的核心电子设备，它负责管理和控制车辆的各种电子系统。ECU 通过接收来自传感器的数据，处理这些信息，并根据预设的算法或程序，发送指令给执行器，以实现对车辆功能的精确控制。在悬挂系统中，ECU 的作用主要体现在以下几个方面：

1.主动悬挂系统：在一些高级车型中，ECU 用于控制主动悬挂系统，如磁流变悬挂或空气悬挂。这些系统能够实时调整悬挂的刚度和阻尼，以适应不同的驾驶条件和路面状况，提供最佳的操控性和舒适性。

2.自适应巡航控制（ACC）：ECU 在自适应巡航控制系统中发挥作用，通过监测前方车辆的速度，自动调整油门和刹车，以保持与前车的安全距离。

3.电子稳定程序（ESP）：ECU 在 ESP 系统中监控车辆的行驶状态，如车速、转向角度、侧倾角等，当检测到车辆可能失控时，会自动调整刹车力和发动机输出，确保驾驶员保持车辆稳定。

4.牵引力控制系统（TCS）：ECU 在 TCS 中控制车轮的牵引力，防止在车辆加速时车轮打滑，确保车辆在湿滑路面或其他低附着力路面上的稳定性。

5.电子助力转向（EPS）：在 EPS 系统中，ECU 根据车速和转向需求，调整电动机提供的助力，实现更精确和舒适的转向控制。

6.线控技术：在一些先进的车辆中，ECU 用于控制线控转向、线控制动等系统，这些系统通过电子信号而非传统的机械连接来实现车辆的操控。

ECU 的重要性在于它能够实现对车辆多个系统的集成控制，增强车辆的整体性能和驾驶体验。随着汽车电子化和智能化的发展，ECU 的功能越来越复杂，它们在车辆中扮演的角色也越来越重要。ECU 的设计和编程需要精确和复杂的软件工程，以确保车辆在各种工况下都能安全、高效地运行。

悬挂系统的结构和设计会根据车辆的类型、用途和性能要求的不同而有所不同。例如，高性能车辆可能会采用更复杂的多连杆式独立悬挂系统，而越野车可能会使用更坚固的非独立悬挂系统。随着技术的发展，悬挂系统正变得越来越智能化，为驾驶员提供了更好的驾驶体验。

第二节 悬挂系统的工作原理

悬挂系统的工作原理主要是通过一系列机械和电子组件的协同工作，来实现对车身的支撑、减震、稳定和操控。以下是悬挂系统的基本工作原理：

一、支撑车身

悬挂系统通过弹簧和减震器来支撑车身，吸收车辆在行驶过程中来自路面的冲击力和震动。弹簧负责储存能量，而减震器则负责控制弹簧的压缩和回弹，防止车身过度摆动。

悬挂系统在汽车制造中的地位举足轻重，它直接影响着汽车的行驶性能、舒适性和安全性。因此，汽车制造商在设计悬挂系统时，需要兼顾性能、舒适性和可靠性。这不仅要求悬挂系统具备优秀的减震性能，还要能适应各种路况和驾驶条件。

弹簧和减震器的选型对于悬挂系统的性能至关重要。弹簧的材料、刚度和长度会影响悬挂系统的减震能力和承载能力；而减震器的类型、阻尼系数和工作原理则决定了悬挂系统的减震效果。如今，市场上有很多不同类型的减震器，如液压减震器、电子减震器等，它们各有特点和优势。

此外，随着汽车技术的不断发展，悬挂系统也在不断革新。例如，空气悬挂系统通过调节气压来改变弹簧的刚度，从而更好地对悬挂高度和性能进行实时调整。电磁悬挂系统则能根据路况和驾驶条件自动调整悬挂硬度，以提高行驶舒适性和稳定性。

二、减震与吸收冲击力

当车辆行驶在不平整的路面上时，车轮会上下震动。弹簧吸收这些震动产生的能量，而减震器则通过内部的液压或气压作用，迅速消散这些能量，减少传递到车身的冲击力。

减震器的工作原理可以分为两部分：阻尼和吸能。阻尼部分主要包括阀门和活塞，它们通过改变油液的流动速度来调节减震器的硬度。当车轮上下震动时，阀门和活塞会随着一起运动，从而调节油液的流量。这样一来，车身在行驶过程中能够始终保持稳定。

吸能部分，主要由弹簧和减震器外壳组成。当车轮在不平整的路面行驶时，弹簧会压缩和拉伸，吸收驾驶过程中来自路面的冲击能量。这部分能量随后会传递到减震器外壳，并通过减震器内部的摩擦片将其转化为热量。这样一来，车身在行驶过程中受到的冲击力就能得到有效缓解。

减震器的性能对车辆的行驶性能至关重要。一款优质的减震器可以在保证车辆稳定性的同时，提高驾驶舒适度。对于不同类型的路面和驾驶条件，选择适合的减震器非常重要。例如，越野车型需要更强的减震性能来应对复杂的地形，而城市家用车型则更注重舒适性。

在市场上，减震器有多种品牌和型号供消费者选择。消费者可以根据自己的需求和预算，挑选适合自己的产品。在购买时，要注意查看减震器的规格、材质和保修政策等信息，以确保购买到质量可靠的产品。

除选择合适的减震器之外，定期检查和维护也是保证减震器性能的关键。在使用过程中，减震器会随着时间的推移而磨损，导致性能下降。为了避免这种情况，车主应定期检查减震器的工作状态，如发现异常应及时更换。此外，保持车辆良好的行驶状态，避免在恶劣路况下行驶，也有助于延长减震器的使用寿命。

总之，减震器在车辆行驶过程中发挥着至关重要的作用。它通过吸收和消散车轮运动中产生的能量，保证车辆的稳定性和舒适度。消费者在购买和使用减震器时，应注重产品质量，根据不同的驾驶需求选择合适的减震器，并定期进行检查和维护，以确保车辆行驶过程中的安全。

三、保持车轮接地

悬挂系统的设计对于车辆的性能和驾驶品质来说至关重要。它通过采用先进的悬挂技术，使得车轮在各种路况下都尽可能地保持与地面的良好接触。这种设计有助于提高车辆的牵引力、制动效果和操控性，从而使驾驶者在面对不同路况时能够更加轻松地应对。

首先，优良的悬挂系统能有效提高车辆的牵引力。在行驶过程中，车轮与地面的接触面积越大，摩擦力就越大。悬挂系统通过调整车轮与地面之间的距离，使接触面积保持在最佳状态，从而提高车辆在复杂路况下的牵引力。这对于越野车型尤为重要，因为在恶劣路况下，牵引力是车辆能否顺利前行的关键。

其次，悬挂系统的设计有助于提高车辆的制动效果。当车辆遇到紧急情况时，优良的悬挂系统可以瞬间调整车轮与地面的接触面积，使摩擦力达到最大，从而提高制动效果。这有助于缩短制动距离，保障驾驶者的安全。

此外，悬挂系统对于车辆的操控性也有重要影响。在行驶过程中，车辆会受到各种外力的影响，如风阻、侧偏力等。优良的悬挂系统可以有效地抵抗这些外力，使车辆在高速行驶时仍能保持稳定的姿态。这不仅增强了驾驶者的驾驶乐趣，也有助于降低车辆事故发生的概率。

为了实现这些优势，设计师在设计悬挂系统时需要考虑多种因素，如车辆的重量分布、行驶速度以及路况等。此外，先进的悬挂技术，如空气悬挂和电磁悬挂等，也能根据车辆负载和行驶速度自动调整悬挂硬度，以保持车轮与地面的良好接触。

总之，悬挂系统的设计对于车辆的性能和驾驶品质具有重要影响。通过保持车轮与地面的良好接触，有助于提高车辆的牵引力、制动效果和操控性，从而为驾驶员带来更安全、舒适的驾驶体验。在未来，随着科技的不断发展，悬挂系统将更加智能化，从而为人们提供更优质的驾驶体验。

四、车轮定位

悬挂系统通过控制臂、球头、转向节等部件，保持车轮的正确定位。这包括前束、倾角和后倾角等参数，这些参数对于车辆的直线行驶稳定性和操控性至关重要。

悬挂系统是汽车行驶过程中至关重要的一环，它通过各种部件的协同作用，确保车轮在行驶过程中的正确定位。除了前束、倾角和后倾角等关键参数外，悬挂系统还涉及许多其他方面，如减震器、弹簧和衬套等。这些部件的性能和状态直接影响着车辆在行驶中的稳定性和操控性。

悬挂系统的前束是指车轮在行驶过程中的转向趋势。合理的前束设置可以使车辆在行驶过程中保持稳定的直线行驶，减少跑偏的现象。前束的调整主要通过转向拉杆和控制臂等部件来实现。

倾角是指车轮垂直于地面时的胎面倾向。适当的倾角设置有助于提高车辆在高速行驶和曲线行驶时的稳定性，同时还能减少轮胎的磨损。倾角的调整主要通过车轮轴承和悬挂臂等部件来实现。

后倾角是指车轮在行驶过程中轮轴线的倾斜角度。合理的后倾角设置可以提高车辆的操控性，使车辆在行驶过程中更加稳定。后倾角的调整主要通过转向节和悬挂臂等部件来实现。

在实际维修和调整过程中，汽车工程师需要根据车辆的使用条件和行驶需求，对悬挂系统的各个部件进行合理调整，以达到最佳的行驶性能。此外，为了确保悬挂系统的稳定性和耐用性，还需要定期检查和保养悬挂系统，及时更换磨损严重的部件。

总之，悬挂系统在汽车行驶过程中发挥着至关重要的作用。通过对前束、倾角和后倾角等关键参数的调整，以及定期检查和保养悬挂系统，可以确保车辆在行驶过程中的稳定性和操控性。同时，驾驶员也需要了解悬挂系统的相关知识，以便在日常使用中更好地保护爱车，提高行驶安全。

五、转向与操控

汽车在转向时，悬挂系统通过转向节和控制臂的协同作用，使车轮按照驾驶员的意图转动。同时，横向稳定杆（防倾杆）帮助减少车辆在转弯时的侧倾，提高车辆的横向稳定性。

转向系统的另一个重要部件是转向泵，它负责将驾驶员施加的力传递给转向拉杆。转向泵通过将液压油从一个腔室传输到另一个腔室，使转向拉杆产生运动。这种液压传动方式有效地提高了转向系统的效率和稳定性。

此外，刹车系统在转向过程中也发挥着重要作用。刹车系统通过控制制动分泵、刹车钳和制动片之间的相互作用，使车辆在转向时能够更好地控制速度。在转向过程中，刹车系统能够迅速响应驾驶员的需求，从而提高车辆的安全性。

电子稳定程序（ESP）是现代汽车转向系统的重要组成部分。ESP通过集成摄像头、传感器等设备，实时监测车辆的行驶状态。在转向过程中，ESP能够对车辆进行智能控制，防止侧滑、甩尾等危险情况的发生，进一步提高车辆的行驶稳定性。

六、电子控制

在一些现代车辆中，悬挂系统可能包含电子控制单元（ECU）。ECU通过传感器收集车辆的各种信息，如车速、加速度、减速度等，然后根据这些数据进行计算和分析。

在此基础上，ECU 能够精确地控制悬挂系统的刚度和阻尼，使车辆在不同的行驶状态下都能保持良好的稳定性和舒适性。

在行驶过程中，ECU 能实时监测车辆的行驶状态，如通过弯道时，ECU 会在短时间内增加悬挂的刚度，提高车辆的稳定性。在颠簸路面行驶时，ECU 则会降低悬挂的刚度，减小颠簸对车辆内部的影响，提高乘坐舒适性。此外，ECU 还能根据驾驶员的操作习惯，如加速、刹车等，调整悬挂系统的响应速度和阻尼力，使车辆的操控更加敏捷。

然而，ECU 并非完美无缺。在某些特殊情况下，如极端天气或电子系统故障，ECU 可能无法正常工作，导致车辆的行驶稳定性受到影响。此外，ECU 的成本较高，维修和更换的费用也相对较高。因此，在选择车辆时，消费者需要权衡 ECU 带来的优势和潜在的风险。

在我国，汽车产业近年来得到了快速发展，ECU 的应用也越来越广泛。随着科技的不断进步，未来 ECU 的性能将更加优越，或许能为车辆带来更出色的操控性和舒适性。同时，我们也应关注 ECU 可能带来的安全隐患，并加强对相关技术的研究，以确保车辆行驶的安全性和稳定性。

总之，ECU 在现代车辆的悬挂系统中发挥着重要作用。它能够实时调整悬挂的刚度和阻尼，提高车辆的操控性和舒适性。然而，消费者在选择车辆时，还需考虑 ECU 可能带来的潜在风险和维修成本。在我国，汽车产业和科技的快速发展为 ECU 带来了更广阔的应用前景，同时也要求我们关注其安全隐患，努力提高相关技术水平，确保车辆行驶的安全性和稳定性。

七、能量回收

在一些配备再生制动系统的电动汽车中，悬挂系统还可以与制动系统集成，通过能量回收技术将部分动能转换为电能，提高能源效率。

电动汽车的再生制动系统在工作原理上具有显著优势。当车辆减速时，再生制动系统会将原本消耗在制动器上的能量重新转化为电能，并储存在电池中。这一过程不仅减少了制动系统的磨损，还降低了车辆运行过程中的能量损失，进一步提高了电动汽车的续航里程。

为了更好地实现能量回收，电动汽车的悬挂系统也进行了相应优化。集成后的悬挂系统与制动系统可以更好地协同工作，确保在回收能量的同时，车辆的稳定性和舒适性不受影响。通过采用先进的控制算法和传感器技术，集成系统可以精确地判断车辆行驶状态，实现对能量回收的精确控制。

此外，电动汽车再生制动系统在环保方面也具有重要意义。随着电动汽车市场份额的不断扩大，再生制动技术在减少碳排放、改善空气质量等方面发挥着积极作用。通过回收和利用制动过程中的能量，电动汽车可以降低对化石燃料的依赖，减少温室气体排放，为我国能源结构优化和绿色低碳发展做出贡献。

然而，电动汽车再生制动技术也面临一定的挑战。例如，在低速行驶和频繁制动的情况下，能量回收效率可能会降低。为了应对这一挑战，研究人员正在不断优化制动系统和悬挂系统的协同工作方式，以提高能量回收效率。此外，电池技术的进步也将对电动汽车再生制动技术的发展产生重要影响。高性能电池可以储存更多的能量，从而提高能量回收的潜力。

总之，电动汽车再生制动技术通过集成悬挂系统和制动系统，实现了能量的高效回收和利用。在环保和节能方面具有重要意义。同时，这一技术也面临着一定的挑战。随着电动汽车行业的持续发展，再生制动技术将进一步完善，为我国新能源汽车产业的繁荣做出更大贡献。

悬挂系统的工作原理是复杂的，涉及力学、材料科学、电子工程等多个领域。随着汽车技术的进步，现代悬挂系统正变得越来越智能化，能够为驾驶员提供更加精确和个性化的驾驶体验。

第三节 轮胎的结构与性能参数

一、轮胎的构造

汽车轮胎是由多个部分组成的复杂结构，其主要构造包括以下几个关键部分：

（一）胎面

胎面是轮胎与地面直接接触的部分，上面有各种花纹设计，用于提供抓地力、排水和降低噪声。胎面的材质和花纹设计对轮胎的性能有直接影响。

（二）胎肩

胎肩位于胎面两侧的区域，通常比胎面稍微宽一些。胎肩的设计对轮胎的操控性有重要作用，尤其是在高速行驶和急转弯时。

（三）胎壁

胎壁是连接胎面和胎圈的部分，胎壁上通常会标注轮胎的尺寸、载重指数、速度等级等信息。胎壁的主要作用是支撑胎面，吸收冲击力，并保护轮胎免受损伤。

（四）胎圈

胎圈位于轮胎的内侧边缘，与轮圈（轮辋）紧密接触。胎圈内部有钢丝或其他高强度材料制成的集束层，用于将轮胎牢固地固定在轮圈上。

（五）胎体

胎体是轮胎的骨架，由多层帘布层（通常由钢丝或纤维材料制成）组成，提供轮胎的结构强度和支撑。

（六）钢丝带束层

钢丝带束层位于胎面和胎体之间，由钢丝或高强度纤维材料制成，用于增强胎面的强度，提高轮胎的耐磨性和操控性。

（七）气密层

在无内胎轮胎中，气密层是一层特殊的橡胶层，用于防止空气泄漏，保持轮胎内部的气压。

（八）缓冲层

缓冲层位于钢丝带束层和胎体之间，由合成纤维材料制成，用于吸收冲击力，减少轮胎的震动。

（九）轮圈

轮胎安装在轮圈上，轮圈是轮胎与车辆轮轴连接的部分。

轮胎的构造设计需要考虑到多种因素，如耐磨性、抓地力、操控性、舒适性和燃油经济性等。不同类型的轮胎（如子午线轮胎和斜交轮胎）在结构上有所差异，但基本组成部分相似。随着技术的发展，轮胎制造商不断研发新的材料和设计，以提高轮胎的性能和寿命。

二、轮胎的规格与选择

轮胎的规格是一组数字和字母的组合，它提供了关于轮胎尺寸、结构、性能和承载能力的重要信息。选择合适的轮胎规格对于确保车辆的安全行驶和性能至关重要。

（一）轮胎规格的常见组成部分及其含义

1.轮胎宽度：以毫米（mm）为单位表示，如205mm。这是指轮胎与地面接触部分的宽度。

2.扁平比：以百分比表示，如55%。这是轮胎高度与宽度的比例。例如，如果轮胎宽度为205mm，扁平比为55%，则轮胎高度约为112.75mm（205mm×55%）。

3.轮胎类型：通常用字母表示，如"R"代表子午线轮胎（Radial），这是现代轿车和轻型卡车最常用的轮胎类型。

4.轮辋直径：以英寸为单位表示，如16英寸。这是指轮胎安装的轮辋直径。

5.负荷指数：一个数字，如"94"，表示轮胎的最大承载能力。负荷指数与轮胎的最大承载重量相对应，可以在轮胎负荷指数表中查找具体数值。

6.速度等级：一个字母，如"H"，表示轮胎的最高安全行驶速度。速度等级从"A"（最低）到"ZR"（最高）不等，"ZR"表示轮胎可以承受超过240公里/小时的速度。

（二）轮胎的选择因素

1.车辆制造商推荐：车辆手册或车辆的轮胎侧壁通常会提供推荐的轮胎规格。

2.驾驶环境：不同的驾驶环境（如高速行驶、城市驾驶、越野等）可能需要不同类型的轮胎。

3.轮胎性能：考虑轮胎的抓地力、耐磨性、舒适性和燃油经济性。

4.气候条件：在寒冷或多雪地区，可能需要特殊的冬季轮胎。

5.轮胎花纹：花纹设计影响轮胎的排水性能、抓地力和噪声水平。

在购买轮胎时，确保选择正确的规格，以避免影响车辆性能和安全。如果不确定，可以咨询专业的轮胎店或车辆制造商。

三、轮胎的性能参数

轮胎的性能参数对于确保车辆的行驶安全、操控性、舒适性和燃油经济性至关重要。以下是一些主要的轮胎性能参数：

（一）轮胎宽度

轮胎宽度指轮胎与地面接触的宽度，通常以毫米（mm）为单位。较宽的轮胎能提供更好的抓地力，但可能会增加滚动阻力，影响燃油经济性。

（二）扁平比

扁平比指轮胎高度与宽度的比例，以百分比表示。较低的扁平比（如45%）意味着轮胎侧壁较短，虽能提供更好的操控性，但舒适性可能较低。

（三）轮胎类型

如"R"表示子午线轮胎，这种轮胎结构提供了更好的操控性和燃油经济性。斜交轮胎则较少见，主要用于重型车辆。

（四）轮辋直径

轮辋直径指轮胎安装在轮辋上的直径，以英寸为单位，它能影响车辆的行驶高度和整体外观。

（五）负荷指数

负荷指数用以表示轮胎能够承受的最大重量。负荷指数越高，轮胎能够承载的重量越大。负荷指数可以在轮胎侧壁上找到，对应的具体重量可以在轮胎负荷指数表中查询。

（六）速度等级

速度等级表示轮胎能够安全行驶的最高速度。速度等级从"Q"（最高160公里/小时）到"Y"（最高300公里/小时）不等。速度等级越高，轮胎设计越能承受高速行驶时产生的热量。

（七）花纹设计

轮胎表面的花纹设计影响其在湿滑路面上的抓地力、排水能力、噪声水平和耐磨性。不同的花纹设计适用于不同的驾驶环境，如城市道路、高速公路或越野等。

（八）耐磨指数

耐磨指数是一个标准化的评分，表示轮胎相对于其他轮胎的耐磨程度。数值越高，表示轮胎的耐磨性越好，但可能会影响抓地力。

（九）湿地抓着指数

湿地抓着指数表示轮胎在湿滑路面上的抓地力。指数越高，轮胎在湿滑条件下的操控性和制动性能越好。

（十）滚动阻力

滚动阻力指轮胎在滚动时产生的阻力。低滚动阻力的轮胎可以提高燃油经济性，但可能会影响车辆的操控性。

选择轮胎时，应根据车辆制造商的推荐、驾驶习惯、预期的驾驶环境以及个人偏好来综合考虑这些性能参数。正确的轮胎规格和性能参数对于确保车辆的整体性能和安全至关重要。

第四节 车轮的类型与选择

一、钢圈与合金圈

钢圈和合金圈是汽车轮辋的两种常见类型，它们在材质、重量、外观、性能和成本等方面有所不同。

（一）钢圈

1.材质：钢圈由钢材制成，通常表面涂有防锈涂层。

2.重量：钢圈的重量相对较重，它可能会影响车辆的燃油经济性和操控性。

3.外观：钢圈在外观上通常不如合金圈时尚，但可以通过添加塑料轮毂盖来改善。

4.性能：钢圈耐磨性好，成本较低，但散热性能不如合金圈。

5.成本：钢圈的成本通常比合金圈低，是许多经济型车辆的标准配置。

（二）合金圈

1.材质：合金圈由铝合金或其他轻质合金材料制成，重量轻，强度高。

2.重量：合金圈的重量轻于钢圈，有助于提高车辆的燃油经济性和操控性。

3.外观：合金圈外观设计多样，比较时尚，通常更受消费者欢迎。

4.性能：合金圈散热性能好，有助于提高刹车性能，但耐磨性可能不如钢圈。

5.成本：合金圈通常比钢圈贵，可能需要额外的维护和更换成本。

（三）选择钢圈与合金圈的影响因素

1.预算：合金圈的成本通常高于钢圈。

2.驾驶习惯：经常高速行驶或追求更好操控性的驾驶员可能更倾向于选择合金圈。

3.维护：合金圈可能需要更多的维护，如定期清洁和检查，以防止腐蚀。

4.车辆用途：如果车辆主要用于城市通勤，钢圈可能是一个经济实惠的选择；如果车辆用于长途旅行或高速驾驶，合金圈可能更合适。

无论选择哪种类型的轮辋，重要的是确保它们与车辆的轮胎规格和悬挂系统兼容，并且安装正确，以确保车辆的安全性和稳定性。

二、车轮尺寸与轮胎匹配

车轮尺寸与轮胎匹配是确保车辆安全行驶和发挥最佳性能的关键。正确的轮胎尺寸对于车辆的操控性、舒适性、燃油经济性和轮胎寿命都至关重要。以下是确保车轮尺寸与轮胎相匹配的一些基本原则：

（一）车辆制造商推荐

首先，应参考车辆制造商提供的信息，如车辆手册或车辆侧壁上的贴纸，这些地方通常会列出基于车辆的设计和性能需求所推荐的轮胎尺寸。

（二）轮辋直径

轮胎的直径应与轮辋直径相匹配。如果轮胎直径过大或过小，可能会导致车辆速度表读数不准确，影响 ABS 和牵引力控制系统的正常工作。

（三）轮胎宽度

轮胎的宽度应适合轮辋的宽度。过宽的轮胎可能会在轮辋内部摩擦，而过窄的轮胎则可能无法提供足够的支撑。

（四）扁平比

轮胎的高度与宽度的比例（扁平比）也应与轮辋的设计相匹配。改变扁平比可能会影响车辆的操控性和舒适性。

（五）负荷指数

轮胎的负荷指数应能够承受车辆的重量。如果轮胎的承载能力不足，可能会导致轮胎过载，影响安全。

（六）速度等级

轮胎的速度等级应至少与车辆的最高速度相匹配。如果轮胎的速度等级低于车辆的最高速度，可能会在高速行驶时发生危险。

（七）轮胎类型

确保选择的轮胎类型（如子午线轮胎）与车辆的设计相兼容。

在更换轮胎时，如果需要更改轮胎尺寸，建议咨询专业的轮胎店或车辆制造商，以确保新的轮胎尺寸不会影响车辆的性能和安全。错误的轮胎尺寸可能会导致车辆操控性下降、燃油经济性降低、轮胎过早磨损，甚至会影响车辆的电子系统。

第五节 轮胎与车轮系统的维护与更换

一、轮胎的保养与检查

轮胎是汽车与路面接触的唯一部分，其保养和检查对于确保行车安全和提高燃油效率至关重要。以下是轮胎保养和检查的一些基本步骤：

（一）定期检查

1.轮胎压力：每月至少检查一次所有轮胎（包括备胎）的气压。轮胎压力应根据车辆制造商的推荐值进行调整，通常这些信息可以在车辆的驾驶员侧门边缘、燃油口盖或车辆手册中找到。

2.轮胎磨损：检查轮胎的磨损情况，特别是磨损指示器。如果轮胎花纹深度低于1.6mm（法定最低标准），则需要更换轮胎。

3.轮胎损伤：检查轮胎是否有裂纹、切口、气泡或其他损伤。这些损伤可能会影响轮胎的结构完整性，需要及时处理。

4.轮胎平衡：如果车辆在行驶过程中出现震动，可能是轮胎平衡问题。这不仅影响舒适性，还可能导致轮胎过早磨损。

5.轮胎定位：定期进行四轮定位检查，确保轮胎正确对准，这对于提高操控性、减少轮胎磨损和提高燃油经济性非常重要。

（二）保养建议

1.清洁：定期清洁轮胎，去除泥土或石子，避免泥土或石子嵌入轮胎导致损伤。

2.轮胎旋转：为了均匀磨损，建议每5000～8000公里进行一次轮胎旋转，这有助于延长轮胎寿命。

3.避免超载：不要超过轮胎的最大承载能力，避免在高速行驶时增加爆胎的风险。

4.合理驾驶：避免急加速、急刹车或高速行驶，避免对轮胎造成额外的压力。

5.存储：如果车辆长时间停放，确保轮胎充满气，以防止轮胎变形。

6.季节性调整：在冬季，考虑使用冬季轮胎，以提高在雪地和冰面上的抓地力。

定期保养和检查，可以确保轮胎保持最佳状态，维持车辆良好的行驶性能，并延长其使用寿命。如果发现任何问题，应及时联系专业的轮胎店或汽车维修店进行处理。

二、轮胎的更换与平衡

轮胎更换和平衡是确保车辆安全行驶和提高驾驶舒适性的重要维护措施。以下是轮胎更换和平衡的基本流程：

（一）轮胎更换

1.选择合适的轮胎

根据车辆制造商的推荐和个人驾驶需求选择正确的轮胎规格。考虑轮胎的尺寸、类型（如全季节、夏季或冬季轮胎）、性能（如操控性、舒适性、耐磨性）和速度等级。

2.卸下旧轮胎

（1）使用千斤顶将车辆抬起，确保轮胎离地。

（2）松开并卸下轮胎上的螺栓。

（3）小心地取下旧轮胎。

3.安装新轮胎

（1）将新轮胎放置在轮辋上，确保轮胎的气门与轮辋的气门孔对齐。

（2）手动将螺栓拧上，但不要完全拧紧。

4.放下车辆

（1）使用千斤顶将车辆降下，直到轮胎完全接触地面。

（2）使用扳手按照星形图案（交叉拧紧）的方式，将螺栓拧紧到制造商推荐的扭矩值。

5.检查轮胎

（1）确保新轮胎正确安装，没有损伤或缺陷。

（2）使用轮胎压力计检查轮胎压力，并根据需要充气。

（二）轮胎平衡

1.轮胎平衡的重要性

轮胎平衡能确保轮胎在旋转时保持稳定，减少震动，提高燃油效率，延长轮胎寿命。

2.进行平衡检查

在专业的轮胎店或汽车维修店使用平衡机进行平衡检查。平衡机会检测轮胎的不平衡点，并在轮胎上添加或移除平衡块来纠正。

3.轮胎旋转

为了确保轮胎均匀磨损，建议定期进行轮胎旋转。轮胎旋转通常在轮胎更换时进行，或者根据车辆制造商的建议每5000～8000公里进行一次。

4.记录和维护

（1）记录轮胎的平衡数据，以便在将来需要时参考。

（2）定期检查轮胎平衡，特别是在长途驾驶后。

轮胎更换和平衡应由专业人员进行，以确保安全和操作的正确性。正确的轮胎更换和平衡可以显著提高驾驶舒适性，降低车辆维护成本，并提高行车安全。

三、车轮的检查与维护

车轮的检查与维护是确保汽车安全行驶和提高燃油效率的重要环节。以下是一些基本的检查和维护步骤：

（一）检查

1.轮胎压力：定期检查轮胎压力，确保其符合车辆制造商的推荐值。正确的轮胎压力可以延长轮胎寿命，减少燃油消耗，并增强行驶安全性。

2.轮胎磨损：检查轮胎的磨损情况，特别是磨损指示器。如果轮胎磨损严重，需要及时更换。

3.轮胎损伤：检查轮胎是否有裂纹、切口、气泡或其他损伤。这些损伤会影响轮胎的稳定性和安全性。

4.轮辋状况：检查轮辋是否有损伤、腐蚀或变形。轮辋的损伤会影响轮胎的密封性和平衡。

5.轮胎平衡：如果车辆在行驶时出现异常震动，可能是轮胎平衡问题。这需要专业的平衡服务来解决。

（二）维护

1.清洁：定期清洁车轮，去除泥土、石子或其他杂质，以防止腐蚀和损伤。

2.轮胎旋转：为了确保轮胎均匀磨损，建议每5000～8000公里进行一次轮胎旋转。这有助于延长轮胎寿命。

3.四轮定位：定期对车辆进行四轮定位，确保车轮正确对准，这对于提高操控性、减少轮胎磨损和提高燃油经济性非常重要。

4.检查刹车系统：车轮是刹车系统的一部分，应定期检查制动片和制动盘的磨损情况，确保刹车系统正常工作。

5.润滑：对于某些车辆，可能需要定期润滑车轮轴承。如果听到异常噪声，如嗡嗡声，需检查轴承是否需要润滑或更换。

6.更换磨损部件：如果发现轮辋、轮胎或其他部件有严重磨损或损伤，应及时更换。

7.专业检查：对于复杂的维护任务，如轮胎平衡和四轮定位，建议由专业的轮胎店或汽车维修店进行。

对车轮进行定期的检查和维护，可以确保轮胎保持最佳状态，并延长其使用寿命。如果发现任何问题，应及时进行处理，以避免潜在的安全风险。

第三章 制动系统原理与检修

第一节 制动系统的分类与原理

一、液压制动与气压制动

液压制动和气压制动是两种常见的制动系统，在汽车、火车、飞机等多种交通工具中都有应用。这两种制动系统的主要区别在于传递制动力的方式不同。

（一）液压制动系统

液压制动系统使用液体（通常是刹车油）作为传递压力的介质。当驾驶员踩下刹车踏板时，这个动作会通过一个主缸产生压力，这个压力通过液压管路传递到各个车轮的刹车缸，从而推动活塞压缩制动片，使其与制动盘或刹车鼓接触，产生摩擦力，实现制动。液压制动系统的优点包括响应速度快、制动力大、维护相对简单。液压系统的局限性是，会受到空气和水分的影响，从而会降低制动效果。

为了确保液压制动系统的正常工作和安全性，驾驶员需要定期对其进行维护。首先，要确保刹车油的质量和数量符合规定。刹车油的质量直接影响到制动效果，因此需要定期更换。一般来说，刹车油的更换周期为两年或行驶公里数达到 40000 公里时，但具体更换时间还需根据车辆使用情况和厂家建议来确定。在更换刹车油时，应选择适配车辆型号的专用刹车油，以保证油液的性能和兼容性。

其次，要检查液压管路的状态。液压管路是传递刹车压力的通道，任何泄漏或损坏都可能导致制动效果降低。驾驶员可以通过观察刹车油壶和液压管路连接处是否有油渍来判断管路是否泄漏。如果发现泄漏，应及时更换破损的管路部件。此外，还要定期检查制动片的磨损情况，如果制动片厚度低于厂家规定值，应及时更换。

除定期维护外，驾驶员还需注意以下几点：一是避免刹车油与水分接触，以免因水分稀释刹车油而降低制动效果；二是避免长时间连续刹车，以免制动片过热导致制动效果下降；三是定期检查刹车系统的电子控制单元，确保其正常工作。

液压制动系统在汽车安全方面起着至关重要的作用。驾驶员应定期对其进行维护，确保制动系统的正常工作和安全性。随着汽车技术的发展，汽车制造商也在不断研发新技术，以进一步提高液压制动系统的性能，为消费者提供更安全、更舒适的驾驶体验。

（二）气压制动系统

气压制动系统使用压缩空气作为传递压力的介质。在气压制动系统中，通过空气压缩机产生压缩空气，并将之储存在空气储罐中。当需要制动时，压缩空气通过阀门被释放到刹车缸，推动活塞，使制动片与刹车鼓接触，产生制动力。由于气压制动系统可以提供更大的制动力，因此通常被用于重型车辆，如重型卡车和公共汽车。

气压制动系统有其独特的优势。首先，由于其采用压缩空气作为压力传递介质，使得系统能够在高压状态下稳定工作，从而提供可靠的制动力。这对于需要更大制动力的重型车辆来说尤为重要，能更好地确保车辆的安全性。

其次，气压制动系统具有很好的适应性。压缩空气的传递特性使得制动系统能够在各种环境下稳定工作，不受液压系统可能出现的液压油泄漏、膨胀等因素的影响。因此在复杂的道路条件下，如湿滑、泥泞路面等，气压制动系统能保持良好的制动性能。

最后，气压制动系统还具有较高的安全性能。空气压缩机和制动阀门等关键部件的设置，可以在制动系统出现故障时，自动切换到紧急制动模式，从而确保车辆的安全。

然而，气压制动系统也存在一些局限性。一方面，由于响应速度相对较慢，可能在紧急制动时存在一定的延迟。这就对驾驶员的应急反应能力提出了更高的要求。另一方面，气压制动系统的维护和检查相对复杂，需要定期检查空气系统，以确保其正常工作。

气压制动系统在提供较大制动力、适应复杂环境、确保安全性等方面具有显著优势，但仍需在响应速度、维护便捷性等方面进一步优化。随着汽车技术的不断进步，气压制动系统将在未来发挥更大的作用，为各类车辆提供更优质、更安全的制动性能。

在现代汽车中，液压制动系统更为常见，尤其是在乘用车和轻型商用车中。而气压制动系统则在需要更大制动力的重型车辆中使用。两种系统都有其特定的应用场景和优势。

二、盘式制动与鼓式制动

盘式制动和鼓式制动是两种常见的刹车系统，它们在结构和工作原理上有所不同，适用于不同类型的车辆和应用场景。

（一）盘式制动

盘式制动系统使用一个金属圆盘（制动盘）作为摩擦面。当驾驶员踩下刹车踏板时，刹车卡钳内的制动片会被推向制动盘。制动片与制动盘之间的摩擦产生制动力，从而使车辆减速或停车。盘式制动的优点包括：散热性好，因为制动盘暴露在空气中，可以快速散发热量；制动力分布均匀；维护相对简单，因为制动片和制动盘更容易检查和更换。由于车辆前轮承担了大部分的制动力，因而盘式制动通常用于现代乘用车的前轮。

然而，盘式制动系统也存在一些缺点。首先，由于制动片与制动盘之间的摩擦，在制动过程中会产生大量的热量，这可能会导致制动片的磨损速度加快。其次，盘式制动系统在潮湿或泥泞的路面上表现较差，因为水或污物容易进入刹车系统，从而降低刹车效果。此外，盘式制动系统在极端气候条件下可能存在性能下降的问题，如在高温或低温环境下。

在我国，盘式制动系统在汽车行业的应用越来越广泛。除前轮采用盘式制动外，一些高端车型还会在后轮配备盘式制动系统。此外，随着新能源汽车的发展，盘式制动系统在电动汽车中的应用也日益增多。为了提高制动效果和延长制动片的使用寿命，汽车制造商不断研发新的刹车材料和技术，如陶瓷制动片和电子刹车系统。

电子刹车系统是一种采用电子控制单元替代传统刹车踏板的制动系统。当驾驶员踩下刹车踏板时，电子控制单元会根据车速、载重等因素自动调整制动力。电子刹车系统具有以下优点：提高制动效率，减少制动片与制动盘之间的摩擦，从而减少磨损；在各种气候条件下都能保持稳定的制动性能；在紧急情况下自动加大制动力，从而增强行车安全性。

尽管电子刹车系统在高端车型中得到了广泛应用，但因为电子刹车系统相对复杂，制造成本较高，同时消费者对新技术的接受程度也有一定影响，因此在普及型车型中的普及程度仍有待提高。随着汽车技术的不断发展，电子刹车系统在未来有望成为更多车型的标配。

总之，盘式制动系统作为汽车制动系统的重要组成部分，在我国汽车市场的应用越来越广泛。随着汽车技术的不断发展，汽车制造商也在不断研发新的刹车材料和技术。电子刹车系统等新技术在未来有望得到更广泛的应用，为消费者带来更好的驾驶体验。同时，由于制动片的磨损会产生微颗粒物，对空气质量造成影响，因此在追求科技进步的同时，也要关注环保问题，以实现可持续发展。

（二）鼓式制动

鼓式制动系统是一种广泛应用于汽车制动的装置，它的核心部件是一个封闭的金属圆筒，被称为刹车鼓。在刹车鼓的内壁，设置有一系列刹车鞋，这些刹车鞋在刹车踏板被踩下时，会被推动与刹车鼓内壁产生摩擦力，从而使车辆减速或停车。

鼓式制动系统的优点主要体现在成本较低、结构紧凑、比较稳定等三个方面。首先，相较于其他类型的制动系统，鼓式制动的制造成本相对较低，这使得它在汽车市场上具有较高的性价比。其次，鼓式制动系统的结构设计紧凑，占地面积小，特别适合在空间有限的区域使用。因此，它在轿车、SUV 等乘用车后轮的制动系统中得到了广泛应用。最后，制动系统在湿滑路面上的制动性能较为稳定，能够有效避免车辆打滑。

然而，鼓式制动系统也存在一定的不足。首先，它的散热性能相对较差。由于刹车部件被封闭在鼓内，制动过程中产生的热量不易散发，容易导致刹车鞋和刹车鼓的温度升高。在长时间或频繁制动的情况下，高温可能会导致制动力下降，影响制动效果。其次，鼓式制动系统的维护成本较高，因为刹车鞋在使用过程中会逐渐磨损，需要定期更换。

尽管鼓式制动系统存在上述缺点，但在成本敏感型车辆中，它仍然具有较高的实用价值。

总之，鼓式制动系统作为一种常见的汽车制动装置，在满足成本、紧凑结构需求和稳定性方面具有优势。然而，其散热性能和维护成本方面的不足也值得关注。在实际应用中，可以根据车辆类型和使用场景选择适合的制动系统，以实现更好的制动性能和安全性。

三、制动系统的工作原理

汽车制动系统的工作原理主要涉及将驾驶员的输入（踩刹车踏板）转换为对车轮的制动力，以减速或停车。以下是汽车制动系统的一些关键组成部分及其工作原理：

（一）刹车踏板

当驾驶员踩下刹车踏板时，这个动作会通过一系列的机械或液压连接传递给制动系统。

（二）主缸

主缸是液压制动系统的核心部分，它接收来自刹车踏板的力，并将其转换为液压压力。在液压系统中，主缸内有一个活塞，当刹车踏板被踩下时，活塞移动，推动刹车油形成压力。

（三）刹车助力器

在液压制动系统中，刹车助力器（如真空助力器）可以放大驾驶员的脚力，使得踩下刹车踏板时所需的力量更小，从而更轻松地产生足够的制动力。

（四）制动液

制动液是液压系统中传递压力的介质。它在主缸产生的压力下，通过刹车管路流向各个车轮的刹车组件。

（五）刹车管路

刹车管路是连接主缸和各个刹车组件的管道，负责将液压压力传递给车轮。

（六）刹车卡钳

在盘式制动系统中，刹车卡钳包含一个或多个活塞，当液压压力作用于活塞时，它们会推动制动片压紧制动盘，从而产生摩擦力。在鼓式制动系统中，液压压力推动刹车鞋压紧刹车鼓，同样产生摩擦力。

（七）制动片

制动片是与制动盘接触的部分，由摩擦材料制成。它们在压力作用下与制动盘接触，产生制动力。

（八）制动盘或刹车鼓

制动盘和刹车鼓是制动过程中的摩擦面。它们与制动片或刹车鞋接触，通过摩擦产生制动力。

（九）防抱死制动系统（ABS）

防抱死制动系统（ABS）是一种安全特性，它可以在紧急制动时防止车轮抱死，保持车辆的操控性。ABS 通过监测车轮速度，当检测到车轮即将抱死时，会自动调整制动力，以保持车轮的转动。

（十）电子稳定程序（ESP）

ESP 是一种先进的车辆动态控制系统，它在车辆行驶过程中监测并自动调整制动力，以帮助驾驶员保持车辆在各种路况下的稳定性。

综上所述，整个制动过程是一个复杂的物理过程，涉及力学、流体力学和电子控制等多个领域。现代汽车的制动系统通常集成了多种传感器和电子控制单元，以确保在各种驾驶条件下都能提供高效、可靠的制动性能。

第二节 制动器的构造与工作过程

一、 制动器概述

（一）制动器的定义与作用

制动器在汽车系统中的基本定义是一个用于促使运动中的车辆减缓或停止的机械装置。它通过将车辆的动能转换为热能，从而实现减速或停车的目的。制动器对于汽车的安全运行至关重要，无论是在正常行驶、紧急情况还是停车时，它都能确保驾驶员在需要时控制车辆的速度。

在减速和停车时，制动器的作用如下：

1.安全控制：制动器能确保驾驶员在遇到紧急情况或需要减速时，迅速减慢车辆的速度，以避免碰撞或事故的发生。

2.精确操控：在正常驾驶过程中，制动器帮助驾驶员能精确地控制车速，尤其是在转弯、下坡或湿滑路面上，以确保车辆稳定行驶。

3.停车功能：制动器使驾驶员能够在目的地或停车区域安全地将车辆停稳，防止车辆在无驾驶操作时自行移动。

4.能量回收：在某些现代汽车，尤其是混合动力和电动汽车中，通过制动器与再生制动系统结合，将部分动能转换回电能并储存在电池中，从而提高能源效率。

5.辅助系统：制动器与车辆的其他安全系统（如防抱死制动系统 ABS、电子稳定程序 ESP 等）协同工作，提高车辆在各种驾驶条件下的稳定性和安全性。

制动器的工作原理通常涉及将驾驶员通过制动踏板施加的力，通过液压或气压系统传递到制动器的执行部件（如制动片或制动蹄片），这些部件与车轮相连的旋转部件（如制动盘或刹车鼓）接触产生摩擦力，从而使旋转的车轮减速或停止运行。随着汽车技术的发展，制动器的设计和材料在不断进步，其性能和耐用性也得以提高。

（二）制动器的分类

不同类型的汽车制动器根据其工作原理、结构特点和应用场景也有所不同。以下是几种常见的汽车制动器类型及其描述：

1.鼓式制动器

（1）结构：鼓式制动器主要由制动鼓、制动蹄片、回位弹簧、制动轮缸等组成。制动鼓固定在车轮上，制动蹄片位于制动鼓内部，通过液压或气压作用于制动蹄片，使其与制动鼓接触产生摩擦力，从而使车辆减速或停车。

（2）特点：鼓式制动器结构简单，成本较低，但散热性能较差，长时间使用后制动力可能会下降。在现代汽车中，鼓式制动器通常用于后轮，尤其是在成本敏感的入门级车型中。

2.盘式制动器

（1）结构：盘式制动器由制动盘（制动盘）、刹车卡钳、制动片组成。制动盘固定在车轮上，刹车卡钳夹住制动盘，制动片与制动盘接触产生摩擦力。盘式制动器分为固定钳式和浮动式两种。

（2）特点：盘式制动器散热性能好，制动力稳定，响应速度快，但成本相对较高。因此，在现代汽车中普遍采用前盘后鼓或全盘式制动系统，尤其是高性能车辆和豪华车型。

3.电子制动器

（1）结构：电子制动器利用电子控制单元（ECU）来控制制动力的分配，通常与防抱死制动系统（ABS）、电子稳定程序（ESP）等安全系统结合使用。它包括电子驻车制动（EPB）、线控制动（Brake-By-Wire）等。

（2）特点：电子制动器能提供更精确的制动力控制，从而提高车辆的安全性和操控性。它通过电子信号传递，减少了机械磨损，提高了系统的可靠性。电子制动器是未来汽车技术发展的趋势，尤其是在自动驾驶和电动汽车领域。

4.再生制动器

（1）结构：再生制动器主要应用于电动汽车和混合动力汽车，它通过将车辆的动能转换为电能，并将之存储在电池中，从而实现车辆的制动功能。

（2）特点：再生制动器能提高能源效率，减少对机械制动系统的依赖，有助于延长刹车系统的使用寿命。它通常与电子制动系统集成，以实现更智能的制动管理。

这些制动器类型各有优势和局限性，汽车制造商会根据车辆的性能要求、成本预算和市场定位来选择合适的制动系统。随着汽车技术的进步，制动器的设计和材料也在不断优化，从而能够为汽车提供更好的性能和更长的使用寿命。

二、盘式制动器构造

（一）盘式制动器的组成

盘式制动器是现代汽车中广泛使用的制动系统，它因其高效的制动力和良好的散热性能而受到青睐。以下是盘式制动器的主要部件及其功能：

1.制动盘

（1）结构：制动盘是一个金属圆盘，通常由铸铁或复合材料制成。其固定在车轮轮毂上，与车轮同步旋转。

（2）功能：制动盘的主要作用是提供一个与制动片接触的表面，通过摩擦产生制动力。其设计通常具有通风槽，以提高散热效率，防止因过热而导致制动力下降。

2.刹车卡钳

（1）结构：刹车卡钳是一个精密的机械装置，通常由铸铁或铝合金制成，固定在车辆的悬挂系统上。

（2）功能：刹车卡钳的主要作用是夹紧制动盘，使制动片与制动盘紧密接触。它包含一个或多个活塞，这些活塞在液压压力作用下移动，推动制动片向制动盘施加压力。

3.制动片

（1）结构：制动片是由摩擦材料制成的垫片，通常安装在刹车卡钳的内侧。

（2）功能：制动片与制动盘接触时产生摩擦力，这是盘式制动器产生制动力的关键。制动片会随着使用时间的延长而增加磨损程度，需要定期更换以保持制动效果。

4.活塞

（1）结构：活塞是刹车卡钳内部的液压元件，通常由金属制成，数量可能从一个到多个不等。

（1）功能：当驾驶员踩下刹车踏板时，制动液通过液压系统将压力传递至活塞，活塞移动并推动制动片，实现对制动盘的夹紧。

5.导向销

（1）结构：导向销是连接刹车卡钳和制动盘的金属杆，确保制动片在夹紧和释放的过程中保持正确的位置。

（2）功能：导向销有助于减少卡钳在制动过程中的摆动，确保制动片与制动盘之间的接触均匀，从而提高制动效率。

6.回位弹簧

（1）结构：回位弹簧安装在刹车卡钳内部，通常位于活塞周围。

（2）功能：在制动过程结束后，回位弹簧将制动片推回原位，使制动盘和制动片分离，准备下一次制动。

7.制动液

（1）结构：制动液是液压系统中的液体介质，通常为合成液体。

（2）功能：制动液在液压系统中传递压力，将驾驶员的制动操作转化为实际的制动力。它需要具有良好的热稳定性和抗腐蚀性。

盘式制动器的设计使得它在高速行驶、紧急制动或频繁制动的情况下表现得更出色，这也是它成为现代汽车，尤其是高性能车辆的首选制动系统的关键原因。

（二）盘式制动器的工作原理

盘式制动器通过液压或气压系统将驾驶员的制动操作转化为制动力的过程如下：

1.制动踏板操作

当驾驶员踩下制动踏板时，这一动作通过机械或电子连接传递给制动总泵（对于液压制动系统）或制动助力器（对于气压制动系统）。

2.液压系统工作原理

（1）制动总泵：在液压制动系统中，制动总泵（也称为主缸）接收到踏板的力后，内部的活塞被推动，使制动液（刹车油）在总泵内产生压力。

（2）压力传递：产生的高压制动液通过油管传输到每个车轮的制动分泵（也称为制动轮缸）。

（3）制动分泵：在分泵内，高压制动液推动活塞，使活塞向外移动。

（4）制动钳动作：分泵活塞的移动推动制动钳内的活塞，这些活塞又推动制动片（摩擦片）向制动盘（制动盘）施加压力。

（5）制动力产生：制动片与旋转的制动盘接触，产生摩擦力，从而使旋转的车轮减速或停止运行。

3.气压系统工作原理（在某些商用车辆中使用）

（1）制动助力器：在气压制动系统中，驾驶员踩下制动踏板时，会压缩空气，产生气压。

（2）气压传递：产生的气压通过气压管路传递到每个车轮的气压制动器。

（3）气压制动器：气压制动器接收到气压后，推动活塞，这些活塞再推动制动片向制动盘施加压力。

（4）制动力产生：与液压系统类似，制动片与制动盘的接触产生摩擦力，从而实现制动。

4.制动力的释放

当驾驶员松开制动踏板时，无论是液压系统还是气压系统，都会通过回位弹簧或其他机制使活塞回位，从而释放制动片对制动盘的压力，解除制动。

盘式制动器的这种工作原理使得制动力的传递迅速且高效，同时由于它的开放式结构，散热性能较好，能够为车辆提供更好的制动性能和可靠性，尤其是在高速或频繁制动的情况下，因此现代汽车普遍采用液压盘式制动器。

三、鼓式制动器构造

（一）鼓式制动器的组成

鼓式制动器是一种传统的汽车制动系统，它的主要部件包括以下几个部分：

1.制动鼓

（1）结构：制动鼓是一个金属圆筒，通常由铸铁制成，被固定在车轮轮毂上，与车轮同步旋转。

（2）功能：制动鼓的内表面是制动蹄片作用的表面，通过摩擦产生制动力。

2.制动蹄片

（1）结构：制动蹄片是与制动鼓接触产生摩擦的部件，通常由摩擦材料制成，如石棉、有机合成材料等。

（2）功能：在制动时，制动蹄片被推向制动鼓的内表面，通过摩擦力使旋转的车轮减速或停止运行。

3.回位弹簧

（1）结构：回位弹簧安装在制动蹄片的两端，用于在制动结束后将蹄片推回到初始位置，使制动鼓和蹄片分离。

（2）功能：确保在松开制动踏板后，制动器能够迅速释放，从而避免不必要的磨损和过热。

4.制动轮缸

（1）结构：制动轮缸是液压制动系统中的一个部件，位于制动鼓附近。

（2）功能：在液压压力作用下，制动轮缸内的活塞推动制动蹄片向制动鼓移动，实现制动。

5.制动蹄促动装置

（1）结构：包括制动蹄促动杆、调整螺母、调整销等。

（2）功能：在制动时，制动蹄促动装置将液压压力转换为机械力，推动制动蹄片与制动鼓接触。

6.制动蹄导向销

（1）结构：制动蹄导向销是连接制动蹄片和制动蹄促动装置的金属杆。

（2）功能：确保制动蹄片在制动过程中保持正确的位置，防止偏移。

7.制动蹄衬垫

（1）结构：制动蹄衬垫是制动蹄片上的摩擦材料层，直接与制动鼓接触。

（2）功能：在制动过程中，制动蹄衬垫是产生摩擦力的关键部分，其磨损程度直接影响制动效果。

（二）鼓式制动器的工作原理

鼓式制动器的工作原理是通过液压或气压系统将驾驶员的制动操作转化为制动力，使制动蹄片与制动鼓产生摩擦，从而使行驶中的车辆减速或停车。以下是鼓式制动器产生制动力的具体过程：

1.制动操作：当驾驶员踩下制动踏板时，这一动作通过机械连杆或液压系统传递给制动器。

2.液压或气压作用：在液压制动系统中，制动踏板的动作推动主缸内的活塞，从而产生液压压力。这个压力通过油管传递到每个车轮的制动轮缸。在气压制动系统中，制动踏板的动作会压缩空气，产生气压，这个气压通过气压管路传递到车轮的气压制动器。

3.制动轮缸或气压制动器：在液压系统中，制动轮缸内的活塞在液压压力作用下向外移动，推动制动蹄片向制动鼓的内表面移动。在气压系统中，气压制动器内的活塞在气压作用下移动，同样推动制动蹄片向制动鼓移动。

4.制动蹄片与制动鼓的接触：制动蹄片的外表面（摩擦面）与制动鼓的内表面接触，产生摩擦力。这种摩擦力对制动鼓产生一个向外的力，根据牛顿第三定律（作用力与反作用力），制动鼓对车轮产生一个相反方向的力，即制动力，以使行驶中的车轮减速或停止运行。

5.制动力的调整：制动蹄片通常可以自动调整，以保持与制动鼓的紧密接触。这样，即使在制动过程中，制动蹄片也能保持适当的压力，确保制动力的稳定。

6.制动力的释放：当驾驶员松开制动踏板时，液压或气压系统的压力降低，制动轮缸或气压制动器的活塞回位，制动蹄片随之回位，与制动鼓分离，制动力消失。鼓式制动器的设计使得它在成本和空间占用方面具有优势，但在散热性能和制动力的线性响应方面不如盘式制动器。尽管鼓式制动器在现代汽车中不如盘式制动器常见，但它们在某些车型的后轮或驻车制动系统中仍然被使用。

四、电子制动系统构造

（一）电子制动器的组成

电子制动系统是现代汽车中用于提高安全性和便利性的先进技术。以下是电子驻车制动（EPB）和电子稳定程序（ESP）的关键组件：

1.电子驻车制动（EPB）的关键组件

（1）EPB 执行器

①结构：EPB 执行器通常集成在制动卡钳中，由电机、齿轮、螺杆等组成。

②功能：在接收到电子信号后，EPB 执行器通过电机驱动齿轮，进而推动螺杆移动，实现卡钳的夹紧和释放，从而完成驻车制动。

（2）电子控制单元（ECU）

①结构：ECU 负责接收驾驶员的操作指令（如按下 EPB 按钮）并控制 EPB 执行器的动作。

②功能：ECU 还负责监控 EPB 系统的状态，如驻车力矩、系统故障等，并与车辆的其他电子系统（如信息娱乐系统）通信。

（3）驻车制动开关

①结构：驻车制动开关通常位于车辆的中控台或方向盘附近，是一个按钮或开关。

②功能：驾驶员通过操作驻车制动开关来激活或释放 EPB 系统。

（4）传感器

①结构：传感器包括位置传感器、压力传感器等，用于监测 EPB 执行器的状态和车辆的动态。

②功能：传感器将收集到的数据发送给 ECU，帮助 ECU 做出正确的控制决策。

（5）线束和连接器

①结构：连接 EPB 执行器、ECU、传感器和车辆的其他电子系统。

②功能：传输电信号和数据，确保 EPB 系统的各个部分能够协同工作。

2.电子稳定程序（ESP）的关键组件

（1）传感器

①结构：包括车轮速度传感器、横向加速度传感器、转向角传感器等。

②功能：监测车辆的行驶状态，如速度、加速度、转向角度等，为 ESP 系统提

供数据。

（2）电子控制单元（ECU）

①结构：ESP 的 ECU 是系统的大脑，负责处理传感器数据并做出控制决策。

②功能：ECU 根据车辆的行驶状态，通过调整制动力分配、发动机输出等措施，帮助驾驶员保持车辆稳定。

（3）液压控制单元（HCU）

①结构：包括电磁阀、液压泵等，负责执行 ECU 的指令，调整制动力。

②功能：在 ESP 系统介入时，HCU 通过调整各个车轮的制动力，帮助纠正车辆的行驶轨迹。

（4）执行器

①结构：如电磁阀，用于控制制动液流向各个车轮的制动器。

②功能：根据 ECU 的指令，执行器迅速调整制动力，以实现车辆动态控制。

（5）软件算法

①结构：嵌入 ECU 中的软件，负责处理数据并执行控制策略。

②功能：软件算法是 ESP 系统的核心，它决定了系统如何响应车辆的动态变化，以保持车辆稳定。

这些关键组件共同构成了电子制动系统，它们通过精确的电子控制，提高了车辆的安全性和驾驶便利性。随着汽车技术的进步，这些系统的功能和性能将不断优化，从而为驾驶员提供更加智能和安全的驾驶体验。

（二）电子制动系统的工作原理

电子制动系统，如电子制动力分配（EBD）系统，通过电子控制单元（ECU）实现精确的制动力分配，以提高车辆在紧急制动时的稳定性和安全性。具体过程如下：

1.数据收集

（1）传感器：车辆上的轮速传感器、横向加速度传感器、转向角传感器等收集车辆的实时数据，如车轮速度、加速度、转向角度等。

（2）ECU 接收数据：这些传感器收集到的数据被发送到 ECU，ECU 是电子制动系统的大脑，负责处理这些信息。

2.制动力分配计算

（1）算法分析：ECU 内部的软件算法根据收集到的数据计算出理想的制动力分配

比例。这通常需要考虑车辆的行驶状态、路面条件、车辆负载等因素。

（2）制动力调整：ECU 根据计算结果，通过控制液压执行器（如电磁阀）来调整各个车轮的制动力。这可能包括增加或减少某个车轮的制动力，以优化整体的制动效果。

3.执行制动力分配

（1）液压执行器：ECU 向液压执行器发送指令，这些执行器位于制动系统中，负责实际调整制动力。

（2）制动力实施：液压执行器根据 ECU 的指令，通过改变制动液的压力来实现对各个车轮制动力的精确控制。这确保了在紧急制动时，每个车轮都能获得最佳的制动力，以防止车轮抱死和车辆失控。

4.动态调整

（1）实时监控：ECU 持续监控车辆的动态和传感器数据，确保制动力分配始终处于最佳状态。

（2）动态响应：在车辆动态变化（如转弯、加速、减速）时，ECU 能够迅速调整制动力分配，以适应新的驾驶条件。

5.与防抱死制动系统（ABS）协同工作

（1）ABS 支持：EBD 系统通常与 ABS 结合使用，ABS 确保车轮在紧急制动时不会抱死，而 EBD 则在此基础上进一步优化制动力的分配。

（2）提高安全性：这种协同工作，能提高车辆在紧急情况下的稳定性，减少制动距离，提高驾驶安全性。

通过这种电子控制方式，电子制动系统能够在各种驾驶条件下提供更精确、更有效的制动力分配，从而显著提高车辆的制动性能和安全性。随着汽车技术的进步，这些系统正变得越来越智能化，从而为驾驶员提供更加安全和舒适的驾驶体验。

五、制动器的工作过程

（一）液压制动系统

液压制动系统的工作流程涉及多个组件的协同工作，以实现驾驶员对车辆的制动控制。以下是液压制动系统的典型工作流程：

1.制动踏板操作：当驾驶员踩下制动踏板时，机械连杆或液压助力器将这一动力传递给制动主缸（也称为制动总泵）。

2.制动主缸（主缸）：制动主缸内部有一个活塞，当踏板被踩下时，活塞向前移动，这会压缩主缸内的制动液。

3.制动液压力增加：活塞的移动导致制动液压力增加，通过液压管路将这个高压制动液传递到车辆的各个车轮。

4.制动轮缸（分泵）：高压制动液进入制动轮缸，推动轮缸内的活塞，这些活塞又推动制动器的执行部件，如制动片或制动蹄片。

5.制动力产生：制动片或制动蹄片在高压作用下紧贴制动盘或刹车鼓，通过摩擦力产生制动力，使行驶中的车轮减速或停止运行。

6.制动液回流：当驾驶员松开制动踏板时，主缸活塞在回位弹簧的作用下回位，制动液压力降低，轮缸活塞和制动片随之回位，制动力解除。

7.制动液循环：制动液在系统中被循环使用，当制动结束后，制动液通过回油管流回主缸，为下一次制动做好准备。

8.真空助力器（在非 ABS 系统中）：真空助力器利用发动机进气管产生的真空压力来增强驾驶员踩下制动踏板时的力，使得驾驶员能够更轻松地实现制动。

9.ABS 系统（在配备 ABS 的车辆中）：ABS 系统通过监测各车轮的轮速，自动调整制动力，防止车轮抱死。ABS 控制单元根据轮速传感器的数据，通过液压控制单元（HCU）调整各轮缸的压力，实现动态制动力分配。

液压制动系统的关键在于制动液，它作为压力传递的介质，能够在驾驶员操作制动踏板时迅速将力传递到车轮，实现有效的制动。同时，系统的密封性和制动液的稳定性对于整个系统的可靠性至关重要。随着汽车技术的发展，液压制动系统正逐渐向电子化、智能化方向发展，如电子稳定程序（ESP）和线控制动等。

（二）气压制动系统

气压制动系统，尤其是在商用车辆如卡车和公交车中，是一种常见的制动方式。它的工作流程主要涉及压缩空气的存储、分配和释放，以实现车辆的制动。以下是气压制动系统的典型工作流程：

1.压缩空气的产生：发动机驱动空气压缩机将大气中的空气压缩成高压气体。这个过程通常在发动机运行时进行，压缩后的高压空气被输送到储气筒中。

2.压缩空气的存储：储气筒是储存高压气体的容器，通常安装在车辆的底盘上，以便于管理和维护。储气筒内的压力通常在 70～100 psi（磅/平方英寸）。

3.制动操作：当驾驶员踩下制动踏板时，制动系统的控制阀（制动总阀）被激活。这个动作会打开通往制动气缸的阀门。

4.压缩空气的分配：高压气体通过阀门进入制动气缸，推动气缸内的活塞。在气缸内部，活塞的移动会带动连接的制动器部件，如制动蹄片或制动鼓，与车轮接触产生摩擦力，从而实现制动。

5.制动力的产生：制动器部件与车轮接触产生的摩擦力，能够使行驶中的车轮减速或停止运行。在鼓式制动器中，制动蹄片与制动鼓接触；在盘式制动器中，制动片与制动盘接触。

6.制动的解除：当驾驶员松开制动踏板时，控制阀关闭，从而切断了高压气体的供应。此时，气缸内的气压下降，活塞在弹簧力的作用下回位，制动器部件与车轮分离，制动力解除。

7.压缩空气的循环：在制动过程中，如果车辆需要，空气压缩机会继续工作，补充储气筒中的高压气体，确保制动系统始终有足够的气压。

气压制动系统的优点包括制动力矩大、结构简单、维护成本低，但响应时间相对较长，且对环境温度敏感。在极端低温环境下，压缩空气可能会凝结，从而会影响制动效果。因此，气压制动系统通常配备有干燥器和过滤器，以去除水分和杂质，确保系统的可靠性。

第三节 制动系统的维护与检修

一、制动液的更换

制动液的更换是汽车维修中常见的保养项目。制动液，又称刹车油，是汽车刹车系统的重要组成部分。它的作用是在制动分泵的作用下，将驾驶员施加的制动力传递给车轮，从而实现车辆的制动。随着使用时间的延长，制动液会吸收水分，导致刹车效果下降，所以定期更换制动液是非常必要的。

首先，我们需要了解何时更换制动液。一般来说，制动液的更换周期为两年或行驶公里数达 40000 公里左右的时候。但具体更换时间还需根据车辆使用情况和厂家建议来确定。

（一）更换制动液的信号

1.制动液低于最低液位：当制动液不足时，刹车系统会无法正常工作，此时应立即更换。

2.制动液变质：制动液吸收水分后，会出现浑浊、沉淀等现象，影响刹车效果。此时需要更换制动液。

3.刹车效果下降：如果刹车距离变长，或刹车时感觉力度不足，可能是制动液性能下降，需要及时更换。

（二）更换制动液的步骤

1.准备工具和材料：新制动液、漏斗、毛巾等。

2.排出旧制动液：使用扳手拧下刹车油壶的螺丝，然后用漏斗将旧制动液倒入容器中。注意在操作过程中，用毛巾擦拭液体以防弄脏车身。

3.清洗刹车油壶：将旧制动液倒出后，用清水冲洗刹车油壶，确保内部干净。

4.加注新制动液：将新制动液倒入刹车油壶，注意液面应在最高和最低液位之间。

5.检查制动液管路：检查制动液管路是否有漏油现象，如有漏油，及时修补或更换。

6.检查制动系统：更换制动液后，检查刹车系统是否正常，如刹车灯是否亮等。

7.路试：开车行驶一段距离，检查刹车是否正常，如有异常，需及时调整。

（三）更换制动液时的注意事项

1.选择合适型号的制动液：不同车型和厂家推荐的制动液型号可能不同，应根据车辆实际情况选择合适的产品。

2.避免制动液混合使用：不同品牌和类型的制动液成分不同，混合使用可能会导致刹车系统故障。

3.更换制动液时，建议同时更换刹车油滤清器，以保证刹车系统的清洁。

总之，定期更换制动液能确保汽车刹车系统的正常运行，以提高行车安全。驾驶员应掌握更换制动液的技巧和注意事项，以便在关键时刻确保行车安全。同时，也要关注车辆的刹车系统，如发现异常，及时进行检查和维修。

二、制动器的检查与维护

制动器的检查与维护是保证车辆安全行驶的重要环节。在日常使用过程中，制动器会因为各种原因受到磨损，如不及时进行检查和维护，将会影响制动效果，甚至可能导致严重事故。以下是一些关于制动器检查与维护的详细步骤和方法：

（一）制动器检查

1.检查制动器零部件：检查制动盘、制动鼓、制动片、制动分泵等零部件是否存在磨损、老化、损坏等情况。如发现异常，应及时更换或修理。

2.检查制动液：检查制动液量是否充足，颜色是否正常，制动液是否泄漏。制动液不足或泄漏会导致制动失灵，应及时补充或更换。

3.检查制动片：检查制动片厚度是否达到了规定值，表面是否有裂纹、磨损过甚等情况。如发现异常，应及时更换制动片。

4.检查制动盘或制动鼓：检查制动盘或制动鼓表面是否平整，有无明显磨损痕迹。如发现不平整或磨损过甚，应考虑更换制动盘或制动鼓。

5.检查制动分泵及管路：检查制动分泵、管路及接头处是否漏油，管路是否有老化、破裂等情况。如发现异常，应及时修理或更换。

（二）制动器维护

1.定期更换制动片：制动片是制动器中易磨损的零部件，一般建议每行驶 30000 公里更换一次。更换时，应选择与原厂匹配的制动片，以确保制动效果。

2.定期检查制动液：制动液每半年更换一次，确保制动液在有效期内。更换制动液时，应选择符合车辆标准的制动液。

3.清洗制动系统：每年至少清洗一次制动系统，清除制动系统内的油泥、杂质等，以确保制动系统正常工作。

4.检查制动盘或制动鼓：定期检查制动盘或制动鼓，发现磨损过甚或不平整的情况，应及时更换。

5.检查制动分泵及管路：定期检查制动分泵、管路及接头处，发现漏油、老化、破裂等情况，应及时修理或更换。

总之，制动器的检查与维护对于保障车辆行驶安全至关重要。驾驶员应掌握一定的制动器检查与维护知识，并按照相关规定和建议进行定期检查和维护，确保制动器处于良好状态。同时，遇到制动器故障时，应及时送往专业维修店进行修理，切勿贪图便宜或忽视安全隐患。

三、制动系统的故障诊断与检修

制动系统的故障诊断与检修是汽车维修中的重要部分，确保制动系统的正常工作对车辆的安全至关重要。以下是一些常见的制动系统故障及其诊断和检修方法：

（一）制动系统常见故障

1.制动力不足

车辆在制动时减速缓慢，制动距离过长。这种情况有可能会导致交通事故的发生，对行车安全构成威胁。制动力不足的原因有以下几个方面：

（1）制动系统故障：制动系统是车辆安全的重要保障，如果制动系统出现故障，如制动片磨损、制动管路泄漏、制动液不足等，都会导致制动力不足。因此，驾驶员应在日常保养中检查制动系统，确保其正常工作。

（2）轮胎磨损：轮胎磨损会影响车辆的制动性能。当轮胎磨损到一定程度时，轮胎与地面的摩擦力减小，导致制动力下降。驾驶员应定期检查轮胎磨损状况，及时更换磨损严重的轮胎。

（3）载重过大：车辆载重过大时，制动力的需求也会相应增大。如果车辆实际载重超过设计载重，制动力可能不足以满足制动需求。因此，驾驶员应按照车辆规定载重行驶，避免超载。

（4）道路状况：道路状况也会影响车辆制动性能。在湿滑、泥泞等道路上行驶时，车辆制动力会受到一定程度的影响。驾驶员应根据道路状况调整车速，以保持安全行驶距离。

（5）驾驶员操作因素：驾驶员的驾驶技巧和应急反应能力对制动力的发挥也有影响。在紧急情况下，驾驶员应迅速而准确地踩下刹车踏板，确保制动力充分发挥。此外，驾驶员还应掌握合理的行车速度和制动时机，以缩短制动距离。

为避免因制动力不足导致的交通事故，驾驶员应掌握以下几点：

（1）定期检查车辆制动系统，确保制动系统正常工作。

（2）检查轮胎磨损状况，及时更换磨损严重的轮胎。

（3）按照车辆规定载重行驶，避免超载。

（4）根据道路状况调整车速，保持安全行驶距离。

（5）提高驾驶员驾驶技巧和应急反应能力，确保汽车在紧急情况下能够充分发挥制动力。驾驶员应遵守交通法规，保持合理的行车速度和制动时机，缩短制动距离。

通过掌握以上五点，驾驶员可以降低因制动力不足导致的风险，确保行车安全。同时，驾驶员还应密切关注车辆状况，发现问题及时处理，避免安全隐患。

2.制动失灵

在现代交通出行中，制动系统的重要性不言而喻。制动失灵，即完全失去制动能力，是一种非常危险的状况，不仅可能导致车辆失控，还可能引发严重的交通事故，危及驾驶员和乘客及路人的生命安全。本部分内容将从制动失灵的定义及表现、原因、危害及预防措施等方面进行详细探讨。

（1）制动失灵的定义及表现

制动失灵是指车辆在行驶过程中，由于各种原因，导致制动系统无法正常工作，从而使车辆无法按照驾驶员的意愿进行制动。制动失灵的表现主要有以下几点：

①驾驶员踩下刹车时，制动力不足，车辆减速缓慢。

②刹车灯不亮，无法警示其他车辆和行人。

③车辆无法按照驾驶员的意愿进行制动，甚至出现突然加速的情况。

④制动系统发出异常声音，如尖叫、金属碰撞声等。

（2）制动失灵的原因

制动失灵的原因众多，主要包括以下几点：

①制动片磨损：长时间使用制动片造成制动片磨损过度，从而会导致刹车效果减弱。

②制动盘磨损：制动盘表面光滑度降低，影响刹车效果。

③制动液不足：制动液是传递刹车力的关键介质，制动液不足会导致制动失灵。

④刹车管路故障：刹车管路破损、漏气等会导致制动失灵。

⑤电子控制系统故障：如传感器、控制器等故障，会影响刹车信号的传输。

（3）制动失灵的危害

①行车安全风险增加：制动失灵时，驾驶员难以控制车辆速度，容易引发交通事故。

②财产损失：制动失灵可能会导致车辆撞击其他车辆、行人或障碍物，从而造成人身和财产损失。

③法律责任：由制动失灵导致的交通事故，驾驶员需要承担相应的法律责任。

（4）制动失灵的预防措施

①定期检查制动片和制动盘：如发现磨损过度，应及时更换。

②保持制动液充足：定期检查制动液液位，不足时及时补充。

③检查刹车管路：定期检查刹车管路是否破损、漏气等。

④注意电子控制系统：如有异常现象，及时检查传感器、控制器等部件。

⑤驾驶过程中注意刹车信号：如发现刹车效果减弱，应立即停车检查。

总之，制动失灵是一种严重的交通安全隐患，驾驶员应掌握相关知识和预防措施，确保行车安全。同时，政府和汽车制造企业也应加大对制动系统质量监管和技术研发的力度，从源头上降低制动失灵的风险。

3.制动器拖滞

制动器拖滞是指在松开制动踏板后，车辆仍然持续减速或者制动器出现发热的现象。这种现象通常会导致车辆在行驶过程中出现不稳定的情况，对行车安全构成一定威胁。制动器拖滞可能有以下几个原因：

（1）制动器磨损：随着车辆行驶里程的增加，制动器的磨损会逐渐加剧。制动片、制动盘等部件的磨损会导致制动器工作效率下降，从而出现制动拖滞的现象。

（2）制动系统故障：制动系统的零部件出现故障，如制动分泵、制动管路、制动卡钳等，都可能导致制动器拖滞。因此，定期检查制动系统，确保各部件工作正常，是预防制动拖滞的重要措施。

（3）制动液问题：制动液是制动系统正常工作的关键介质。制动液质量不佳、制动液不足或制动液中混入杂质，都可能导致制动器拖滞。因此，定期更换制动液并确保其品质至关重要。

（4）制动器间隙过大：制动器间隙过大也会造成制动拖滞。驾驶员应定期检查制动器间隙，确保其在合理范围内。如果发现间隙过大，应及时调整或更换相应部件。

（5）驾驶习惯问题：长时间踩制动踏板、急刹车等不良驾驶习惯，会导致制动器过度磨损，进而出现制动拖滞的现象。因此，养成良好的驾驶习惯，对预防制动拖滞有一定帮助。

总之，制动器拖滞会对行车安全产生不良影响，车主应重视这一问题，并采取相应措施进行解决。在日常用车过程中，要定期检查制动系统，确保各部件工作正常；更换高品质的制动液，并注意制动液是否充足；养成良好的驾驶习惯，避免过度磨损制动器。

一旦发现制动器拖滞的现象，要及时进行检查和维修，确保行车安全。

4.制动液泄漏

制动液在汽车制动系统中起着至关重要的作用。它不仅能够传递驾驶员施加的制动力，还能够有效冷却制动部件，延长制动系统的使用寿命。然而，当制动液泄漏时，不仅会导致制动系统性能下降，甚至可能引发严重的安全隐患。

（1）制动液泄漏的原因

①制动系统部件老化：随着时间的推移，制动系统中的橡胶密封件和管路可能会出现老化、硬化现象，从而导致制动液泄漏。

②制动系统部件损坏：在车辆行驶过程中，制动系统部件会因受到外力冲击导致损坏，进而引起制动液泄漏。

③制动液质量问题：如果使用的制动液质量不合格，可能会导致制动液的性能下降，进而引发泄漏。

④安装不当：在更换制动液或进行制动系统维修时，如果安装不当，也可能导致制动液泄漏。

（2）制动液泄漏的危害

①制动系统失效：制动液泄漏会导致制动系统无法正常工作，无法有效地将驾驶员施加的制动力传递到制动器，从而影响车辆的制动性能。

②制动距离增加：制动液泄漏会使制动系统的制动力下降，从而使车辆在行驶过程中增加制动距离，容易引发交通事故。

③制动系统故障：制动液泄漏可能导致制动系统内部部件受损，进而引发其他故障，如制动片过快磨损、制动盘损坏等。

④安全隐患：在紧急制动时，由于制动液泄漏，致使制动力可能不足，导致车辆无法及时停下，对驾驶员和行人的安全构成威胁。

（3）预防制动液泄漏的措施

①定期检查制动液：养成定期检查制动液的习惯，确保制动液量在正常范围内。如果发现制动液减少，要及时补充或更换。

②使用合格制动液：选择质量合格的制动液，避免使用假冒伪劣产品。

③规范维修保养：在进行制动系统维修时，要选择正规维修店，确保安装质量。

④避免过度制动：避免长时间频繁地制动，以免制动系统过热，导致制动液泄漏。

总之，制动液泄漏是制动系统常见故障之一，驾驶员应掌握相关知识，定期检查和维护制动系统，确保行车安全。在发现制动液泄漏时，要及时采取措施修复故障，避免安全隐患。

5.制动片/盘/鼓磨损不均

制动系统是汽车的重要组成部分，它直接影响着车辆行驶过程中的安全。在制动系统的各个部件中，制动片、制动盘和制动鼓的磨损状况对制动性能的影响尤为明显。当这些部件磨损不均时，可能会导致制动时车辆出现抖动的现象。因此，当出现这种情况时，驾驶员应尽快检查和维修，以确保行车安全。

（1）制动片磨损不均：制动片磨损不均可能会导致制动力不均衡，从而使车辆在制动时出现抖动。当制动片磨损严重时，会使制动分泵的工作压力不稳定，进而影响制动力的大小。此外，制动片磨损不均还可能产生异常噪声，影响驾驶员对车辆状况的判断。因此，当发现制动片磨损不均时，驾驶员应尽快更换磨损严重的制动片，确保制动系统的正常工作。

（2）制动盘磨损不均：制动盘磨损不均会使制动盘表面平整度不足，从而导致制动力不均衡，致使车辆在制动时会产生抖动。制动盘长时间磨损不均匀还可能会引起制动盘的破裂，从而影响行车安全。针对这种情况，驾驶员应定期检查制动盘的磨损状况，并及时更换磨损严重的制动盘，确保制动性能良好。

（3）制动鼓磨损不均：制动鼓的内表面与制动蹄片接触，当制动鼓磨损不均时，会使制动蹄片与制动鼓之间的间隙不均匀，导致制动力不均衡，进而会使车辆在制动时产生抖动。此外，制动鼓磨损不均还可能产生噪声，从而会影响驾驶员对车辆状况的判断。针对这种情况，驾驶员应定期检查制动鼓的磨损状况，并及时更换磨损严重的制动鼓。

总之，制动片、制动盘和制动鼓磨损不均都可能导致车辆在制动时产生抖动。为确保行车安全，驾驶员应定期检查这些部件的磨损状况，并在发现磨损不均时及时更换相应部件。同时，驾驶员还应了解制动系统的相关知识，以便在出现问题时能及时发现并采取正确措施。通过定期检查和维护，确保制动系统的良好工作状态，从而保障行车安全。

（二）制动系统的故障诊断

1.视觉检查：检查制动液位、制动片和制动盘/鼓的磨损情况，以及是否有泄漏的迹象。

2.制动液检查：检查制动液的颜色和湿度，正常的制动液应该是干净的，如果有变色或水分，则需要更换。

3.制动试验：进行道路测试，检查制动力是否均匀，是否有拖滞现象，以及制动距离是否在正常范围内。

4.测量制动片厚度：使用专用的测量工具检查制动片的厚度，如果小于最小厚度标准，则需要更换。

5.检查制动系统部件：检查制动卡钳、制动鼓、制动盘、制动管路、制动泵和制动液储液罐等部件是否有损坏或磨损。

6.液压测试：使用压力测试仪检查制动系统的液压是否正常。

（三）制动系统的检修方法

1.更换制动片/盘/鼓：如果发现磨损不均匀或磨损过度，应更换相应的制动片、制动盘或制动鼓。

2.更换制动液：如果制动液变色或有水分，应更换制动液并排空气泡。

3.修复或更换泄漏部件：如果发现泄漏，应检查并修复或更换泄漏的制动管路、密封件等。

4.调整制动器：如果存在拖滞现象，应调整制动器的间隙和回位弹簧。

5.检查和更换液压部件：如果液压测试显示有问题，应检查并更换制动泵、制动轮缸等液压部件。

6.定期保养：按照制造商的推荐定期进行制动系统保养，包括检查和清洁制动盘、制动鼓，以及检查制动液的状态。

在进行制动系统的故障诊断与检修时，应遵循车辆制造商的维修手册和指导原则，确保使用合适的工具和设备，以及合格的制动系统部件。如果不熟悉制动系统的维修，建议由专业的汽车维修技师进行操作，以确保车辆的安全性。

第四章 转向系统原理与检修

第一节 转向系统的结构与类型

一、机械转向系统

机械转向系统是一种传统的车辆转向机制，它完全依靠机械连接和驾驶员的体力来操纵车辆的转向。这种系统不依赖于电力或液压辅助，因此被称为"纯机械"转向系统。以下是机械转向系统的组成及其各部件的功能：

（一）机械转向系统的组成

1.转向盘：驾驶员通过转动转向盘来输入转向指令。

2.转向柱：转向柱连接转向盘和转向器，确保将转向盘转动转换为转向器的运动。转向柱包含多个连接关节和一个倾斜调整机构，以确保转向盘在空间上移动。

3.转向器：转向器将转向盘的旋转运动转换为直线运动，从而推动车轮转向。常见的转向器类型有齿轮齿条式转向器和循环球式转向器。

4.转向横拉杆：转向横拉杆将转向器的直线运动传递到前轮的转向节，通常包括横拉杆和转向臂。转向横拉杆确保两个前轮同时以相同的角度转向。

5.前悬架：前悬架与前轮连接，确保车轮上下运动并保持车轮与地面的接触。前悬架的设计影响车辆的操控性和转向感觉。

6.转向节：转向节是连接车轮和前悬架的部件，能够根据转向横拉杆的推动而转动，从而使车轮实现转向。

（二）机械转向系统的工作原理

当驾驶员转动转向盘时，转向柱将这一转动传递给转向器。转向器中的齿轮或循环球机制将转向盘的旋转运动转换为直线运动，推动转向横拉杆。转向横拉杆将直线运动传递给前轮的转向节，使前轮转动，从而改变车辆的行驶方向。

（三）机械转向系统的特点

1.直接性：由于是纯机械连接，转向反馈直接，驾驶员能够感受到路面的情况。

2.复杂性：随着车辆速度的提高，需要更大的力量来转动转向盘，这可能会使驾驶员在长时间驾驶或泊车时感到疲劳。

3.维护：机械部件较多，需要定期维护和润滑。

随着汽车技术的发展，许多现代汽车已经采用了动力辅助转向系统，如电动助力转向系统（EPS）或液压助力转向系统（HPS），这些系统可以减小驾驶员在转向时所需的力量，提高驾驶的舒适性和便利性。由于机械转向系统能够提供更直接的路面反馈和更可靠的性能，在一些性能车或越野车中仍然使用传统的机械转向系统。

二、动力转向系统

动力转向系统是现代汽车中的一个重要组成部分，它能够帮助驾驶员更轻松地控制车辆的转向。在没有动力转向的情况下，驾驶员需要用较大的力气来转动方向盘，特别是在低速行驶或者停车时。动力转向系统能够节省驾驶员的转向操作力，从而提高驾驶的舒适性和安全性。

（一）动力转向系统类型

1.液压动力转向系统（HPS）：这是最常见的类型，它使用发动机驱动的泵来产生压力，通过液压油将力量传递到转向机构，从而辅助驾驶员转动方向盘。这种系统需要定期更换液压油，并可能会因为液压泵的磨损而出现问题。

2.电动助力转向系统（EPS）：这种系统使用电动机直接或通过减速机构提供辅助力。它不需要液压泵，因此结构更简单，维护成本较低，且能更有效地利用能量。EPS系统通常与车辆的电子控制单元（ECU）相连，可以实现更精细的控制和调整。

3.电子液压助力转向系统（EHPS）：这种系统结合了液压和电动助力的特点，它使用电子控制单元来调节液压泵的压力，从而提供所需的转向助力。它在提供良好的驾驶感受的同时，也提高了能效。

（二）动力转向系统的关键组件

1.转向泵（液压系统）或电动机（电动系统）：提供动力来源。

2.转向齿轮箱：将动力传递到转向机构。

3.转向助力器：在液压系统中，它是一个液压缸；而在电动系统中，它可能是一个减速机构。

4.传感器和控制单元：监测驾驶员的转向意图和车辆状态，调整助力的大小。

动力转向系统的设计和维护对于确保车辆的操控性和安全性至关重要。定期检查和维护动力转向系统，如更换液压油、检查泵和助力器的磨损情况，都是保持系统正常工作的重要措施。

三、电子助力转向系统

电子助力转向系统（EPS）是一种先进的转向辅助技术，它完全摒弃了传统的液压助力系统，转而使用电动机来提供转向助力。EPS系统的主要优点包括能效高、驾驶体验好和维护成本低。以下是EPS系统的一些关键特点和组件：

（一）电子助力转向系统的关键特点

1.能效：EPS系统只在驾驶员转动方向盘时才消耗能量，而在直线行驶时不消耗能量，这比传统的液压助力系统更为节能。

2.精确控制：EPS系统可以通过ECU精确地控制转向助力，提供更加一致和线性的转向感觉。

3.响应性：EPS系统能够根据车速、转向角度和驾驶员输入的力度实时调整助力，为驾驶员提供更好的驾驶体验。

4.环保：由于减少了对发动机的依赖，EPS系统有助于降低车辆的整体排放。

5.维护：EPS系统没有液压泵和液压油，因此减少了维护需求和潜在的泄漏问题。

（二）电子助力转向系统的主要组件

1.电动机：通常是永磁同步电机（PMSM），它根据ECU的指令提供所需的转向助力。

2.减速机构：将电动机的高速旋转转换为转向机构所需的低速大扭矩。

3.转向齿轮箱：与电动机相连，将电动机的输出传递到转向机构。

4.传感器：包括扭矩传感器、角度传感器和速度传感器等，用于监测驾驶员的转向意图和车辆状态。

5.电子控制单元（ECU）：它接收来自传感器的信号，并根据预设的算法计算出所需的转向助力，然后控制电动机的输出。

6.电源管理：EPS 系统需要从车辆的电池获取电力，因此需要有适当的电源管理系统来确保系统的稳定运行。

EPS 系统的设计使得车辆无论是在城市低速行驶还是在高速公路上高速行驶，都能提供最佳的转向助力。此外，EPS 系统还可以与车辆的其他电子系统（如车道保持辅助系统、自适应巡航控制等）集成，提供更加智能化的驾驶辅助功能。随着电动汽车（EV）和混合动力汽车（HEV）的普及，EPS 系统的应用将更加广泛。

第二节 转向系统的工作原理

一、转向机构的传递

转向机构的传递通常指的是在汽车转向系统中，驾驶员操作方向盘时，力和运动如何从方向盘传递到车轮的过程。这个过程涉及几个关键的部件，包括转向柱、转向齿轮箱、转向臂、转向节等。转向机构的传递步骤如下：

（一）方向盘操作

驾驶员转动方向盘，这是转向过程的起点。

（二）转向柱

方向盘的转动通过转向柱传递。转向柱是连接方向盘和转向齿轮箱的部件，它将驾驶员的力传递到齿轮箱。

（三）转向齿轮箱

转向齿轮箱，也称为转向机，接收来自转向柱的力，并通过齿轮机构放大或调整力的大小和方向，然后传递给转向臂。

（四）转向臂和转向节

转向臂是连接转向齿轮箱和车轮的部件，它将齿轮箱的输出力传递到车轮。转向节则是连接转向臂和车轮的关节，它能确保车轮在转向时能够自由旋转。

（五）车轮转动

最终，车轮根据转向臂和转向节的传递，按照驾驶员的意图进行转动，实现车辆的转向。

这个过程确保了驾驶员能够通过方向盘精确控制车辆的行驶方向。在现代汽车中，这个过程可能还包括电子辅助系统，如电子助力转向（EPS）或液压助力转向（HPS），这些系统可以提供额外的辅助力，使转向更加轻松和精确。

二、转向助力的产生

转向助力的产生是为了减小驾驶员在操作方向盘时所需的力量，提高驾驶舒适性和安全性。转向助力系统主要有三种类型：机械液压助力、电子液压助力和电动助力转向。

（一）机械液压助力转向系统

1.结构：由液压泵、油管、压力流量控制阀体、V形传动皮带、储油罐等组成。

2.工作原理：发动机通过皮带驱动液压泵，将液压油泵入转向系统。驾驶员转动方向盘时，转向柱上的转矩传感器检测到转向力和方向，控制阀根据这些信息调整液压油的流向，从而在转向机构上产生辅助力。

（二）电子液压助力转向系统

1.结构：在机械液压助力的基础上增加了电控系统，包括车速传感器、电磁阀、转向 ECU 等。

2.工作原理：油泵由电动机驱动，而非发动机直接驱动。电控单元根据车速传感器和转矩传感器的数据，通过控制转向控制阀的开启程度来调节油液压力，进而调节转向助力的大小。

（三）电动助力转向系统

1.结构：包括电机、减速机构、转矩转角传感器、车速传感器和 ECU 电控单元。

2.工作原理：驾驶员操作方向盘时，转矩转角传感器检测到转向力和角度，将信号传递给 ECU。ECU 根据这些信息和车速传感器的数据，控制电动机输出相应的转矩，直接驱动转向机构，实现转向助力。

这三种转向助力系统各有优点。机械液压助力系统成熟可靠，但能耗较高；电子液压助力系统在保持机械液压助力优点的同时，降低了能耗；而电动助力转向系统则更加节能环保，且易于集成和调整，但可能在维修和稳定性方面存在挑战。随着技术的发展，电动助力转向系统因其高效和环保特性，正逐渐成为汽车转向系统的主流。

三、转向系统的反馈与调整

转向系统的反馈与调整是确保驾驶员能够准确感知车辆行驶状态和路面情况的重要机制。这些反馈和调整通常涉及以下几个方面：

（一）路感反馈

1.目的：让驾驶员能够感受到车轮与路面之间的接触，包括路面的纹理、摩擦系数以及车轮的抓地力。

2.实现方式：通过转向系统的机械连接或电子信号传递，将路面信息传递给驾驶员。在机械液压助力系统中，这种反馈较为直接；而在电子助力系统中，需要通过电子信号模拟这种反馈。

（二）转向助力的调整

1.目的：根据车速、转向角度和驾驶员的操作力度，自动调整转向助力的大小，从而为驾驶员提供最佳的驾驶体验。

2.实现方式：在电子液压助力和电动助力转向系统中，电子控制单元会根据车速传感器、转向角传感器和扭矩传感器的数据，动态调整助力电机的输出，实现助力的精确控制。

（三）转向系统的校准

1.目的：确保转向系统的准确性和响应性，以及在不同驾驶条件下的稳定性。

2.实现方式：通过调整转向齿轮箱、转向臂、转向节等部件的几何参数，以及校准电子助力系统的软件参数，来优化转向系统的响应。

（四）故障诊断与调整

1.目的：在转向系统出现异常时，能够及时发现并进行调整或维修。

2.实现方式：现代汽车通常配备有车载诊断系统（OBD），能够监测转向系统的运行状态，并在出现故障时通过仪表盘上的指示灯提醒驾驶员。同时，专业的诊断工具可以帮助维修人员读取故障代码，进行必要的调整，或更换损坏的部件。

（五）驾驶模式选择

1.目的：为驾驶员提供不同的驾驶体验，如舒适模式、运动模式等。

2.实现方式：在一些高级车型中，驾驶员可以通过车辆设置选择不同的驾驶模式，这些模式会改变转向系统的反馈特性，如助力大小、转向比等，以适应不同的驾驶需求。

转向系统的反馈与调整对于提高驾驶的安全性和舒适性至关重要。随着汽车技术的发展，这些系统正变得越来越智能化，能够为驾驶员提供更加个性化和精确的驾驶体验。

第三节 转向系统的故障诊断与维修

一、转向系统的检查

转向系统的检查是确保车辆安全行驶的重要维护工作。以下是一些基本的转向系统检查步骤：

（一）目视检查

1.检查转向系统的所有可见部件，包括方向盘、转向柱、转向齿轮箱、转向臂、转向节等，看是否有磨损、损坏或松动的迹象。

2.检查转向油液储罐的油位，确保油液在最低和最高标记之间，油液应干净无杂质。

3.检查转向系统的软管和接头，确保没有泄漏、裂纹或损坏。

（二）功能性检查

1.在车辆静止状态下，尝试左右转动方向盘，感受是否有异常阻力或间隙。正常情况下，方向盘应该能够平滑、均匀地转动。

2.在车辆行驶过程中，检查转向是否准确，是否存在跑偏现象。如果车辆在直线行驶时方向盘自动偏向一侧，可能需要进行四轮定位。

（三）转向助力系统检查

1.对于液压助力系统，检查液压泵是否正常工作，是否有异常噪声。

2.对于电子助力系统，检查 ECU 是否有故障代码，如有，可能是指示转向助力系统存在问题。

（四）四轮定位

如果车辆出现行驶跑偏、轮胎磨损不均或方向盘不正，可能需要进行四轮定位。这通常需要专业的设备和技术人员来完成。

（五）轮胎检查

检查轮胎的磨损情况，确保轮胎胎压正确，因为不正确的胎压会影响转向系统的性能。

（六）定期维护

按照车辆制造商的建议，定期更换转向油液，清洁或更换滤网，以保持转向系统的良好工作状态。

在进行转向系统检查时，如果发现任何问题，应及时到专业的维修店进行诊断和维修。定期的维护和检查可以预防潜在的问题，确保转向系统的可靠性和车辆的安全性。

二、转向助力泵的维护

转向助力泵是液压助力转向系统中的关键部件，负责提供液压压力以辅助驾驶员转动方向盘。为了确保转向助力泵的正常工作和延长其使用寿命，以下是一些维护步骤：

（一）定期检查

定期检查转向助力泵的油液水平，确保油液在最低和最高标记之间。油液不足可能导致转向助力泵过热或损坏。

检查油液的颜色和清晰度。如果油液变得浑浊或有金属颗粒，则需要更换。

（二）更换转向油液

根据车辆制造商的建议，定期更换转向油液。通常，这个周期可能在 20000～50000 英里（约 32000～80000 公里），具体取决于车辆的使用情况和制造商的指导。

更换油液时，确保使用正确的油液类型，不同型号的转向助力泵可能需要不同类型的油液。

（三）检查转向助力泵的密封

检查转向助力泵的密封圈和垫圈，确保它们没有磨损或损坏。密封不良可能会导致油液泄漏。

（四）检查泵的噪声

在发动机运行时，注意听转向助力泵是否有异常噪声，如嗡嗡声、尖叫声或敲击声。这些可能是泵磨损或损坏的迹象。

（五）检查泵的皮带

如果转向助力泵通过皮带驱动，需要检查皮带的张紧度和磨损情况。皮带过松或磨损都可能导致转向助力泵无法正常工作。

（六）清洁和润滑

保持转向助力泵周围的清洁，避免灰尘和污垢积累。在泵的轴承和滑动部件上涂抹适量的润滑剂，以减少磨损。

（七）专业检查

如果转向助力泵出现故障或需要更深入的检查，应由专业的维修人员进行。他们可以使用专业工具和技术来诊断问题并进行必要的维修。

维护转向助力泵不仅有助于保持车辆的操控性，还能预防潜在的安全隐患。如果转向助力泵出现问题，可能会导致转向困难，增加驾驶风险。因此，定期维护和检查转向助力泵是非常重要的。

三、转向系统的故障排除

转向系统的故障排除通常涉及以下几个步骤：

（一）故障现象识别

1.转向沉重：可能是油泵 V 形带松弛、储油罐油面过低、油泵压力不足、压力控制黏结、外泄漏过大、内泄漏过大、转向轴衬套太紧、前悬架变形或液压系统内有空气。

2.转向助力不足：可能是油泵 V 形带松弛、储油罐油面过低、油泵压力不足、系统中有空气。

3.转向系统有噪声：可能是油泵 V 形带松弛、油泵轴承损坏、压力板或转子损伤、油泵环过度磨损、储油罐不足、液压系统有空气或压力软管连接不牢、油泵装配不当、溢流阀故障。

（二）故障原因分析

1.对于转向沉重，需要检查油泵驱动皮带的张紧度、油液液面高度、滤清器状况、系统中是否有空气以及油压是否正常。

2.对于转向助力不足，需要检查油泵驱动部分、油液液面、滤清器和系统中的空气。

3.对于转向系统的噪声问题，需要检查油泵驱动部分、油液液面、系统中的空气、滤网堵塞情况以及油泵内部零件。

（三）故障排除方法

1.调整或更换油泵驱动皮带，确保其张紧度适中。

2.添加或更换转向油液至规定位置，确保油液充足且清洁。

3.清洗或更换滤清器，确保油液循环畅通。

4.排除系统中的空气，检查油泵进油管、管路接头和密封环，确保无泄漏。

5.使用压力表检查油压，确保油泵和转向助力器工作正常。

6.调整油泵驱动皮带，检查油泵内部零件，确保装配正确，以消除转向系统出现的噪声。

（四）转向系统故障专业检查

转向系统是汽车安全性能的关键部件，一旦出现故障，可能会导致严重后果。因此，对于转向系统的检查和维护显得尤为重要。在前文中，我们了解了转向系统的组成和基本工作原理。接下来，我们将深入探讨如何进行转向系统的专业检查。

1.检查前的准备工作

（1）检查工具和设备：确保具备专业的检查工具，如万用表、示波器等，以及必要的维修设备。

（2）检查资料：了解车辆的转向系统型号、构造和参数，以便在检查过程中找到潜在问题。

（3）获取故障码：使用诊断仪读取车辆的故障码，以便有针对性地进行检查。

2.转向系统的检查步骤

（1）外观检查：检查转向系统的外部部件，如转向泵、转向拉杆、转向节等，是否存在损伤或异常。

（2）油压检查：检查转向系统的油压是否正常，油管是否存在泄漏。

（3）转向泵检查：检查转向泵在工作时声音、振动和油量是否正常。如有异常，需进一步检查泵内部零件是否存在磨损或损坏。

（4）转向拉杆检查：检查转向拉杆的连接件是否松动，拉杆是否弯曲或断裂。

（5）转向节检查：检查转向节的连接状况，如有异常，需进一步检查关节轴承和密封件是否存在磨损或损坏。

（6）转向盘检查：检查转向盘的转动是否平稳，是否存在间隙或异响。

（7）故障码分析：根据获取的故障码，有针对性地进行检查，找出故障原因。

（8）系统功能测试：在确认外观和部件无异常后，进行转向系统的功能测试，验证系统是否能正常工作。

3.故障诊断与维修

（1）根据检查结果，确定故障原因，如部件磨损、损坏、油路堵塞等。

（2）更换或修理故障部件，如转向泵、转向拉杆、转向节等。

（3）清洗油路，确保油路畅通。

（4）重新安装并调试转向系统，确保各项功能正常。

4.检查后的保养建议

（1）定期更换转向系统油，确保系统润滑良好。

（2）定期检查转向系统部件，如转向泵、转向拉杆、转向节等，发现异常及时维修。

（3）避免长时间高速行驶和急转弯，以免加重转向系统的负担。

（4）定期进行四轮定位检查，确保转向系统的稳定工作。

通过以上步骤，我们可以对转向系统进行专业的检查，确保汽车行驶的安全性。在检查过程中，切勿忽视任何细节，以免留下安全隐患。同时，驾驶员也应增强对转向系统的保养意识，降低故障发生的概率。

第五章 传动系统原理与检修

第一节 传动系统的组成与功能

传动系统是汽车或其他机械中负责将动力源产生的动力传递到最终驱动部件的一套复杂机械装置。它的核心任务是确保动力在传递过程中的高效、平稳和可控。

一、传动系统概述

（一）传动系统的定义与重要性

1.传动系统的定义

传动系统是汽车或其他动力机械中负责将动力源（如发动机或电动机）产生的动力，通过一系列机械装置传递并最终转化为驱动力，以推动车辆或其他机械部件运动的系统。它的核心功能是确保动力在传递过程中的效率、平稳性和可控性，同时适应不同的驾驶条件和路面状况。

传动系统的设计和性能对车辆的整体性能有着直接的影响，包括加速能力、燃油经济性、驾驶舒适性以及车辆的操控性。随着技术的发展，传动系统也在不断优化，现代传动系统更加注重智能化和电子控制，以提供更加精确和高效的动力管理。

2.传动系统在车辆中的作用

传动系统在车辆中扮演着至关重要的角色，其主要作用可以概括为以下几点：

（1）动力传递：传动系统将发动机产生的动力从动力源传递到车辆的驱动轮。这是车辆能够移动的基础，没有传动系统，发动机的动力就无法有效地转化为推动车辆前进的力量。

（2）速度与扭矩调整：通过改变齿轮比，传动系统能够调整输出到驱动轮的转速和扭矩。这使得车辆能够在不同的行驶条件下，如加速、爬坡或高速巡航时，保持最佳的性能。

（3）驾驶控制：传动系统能确保驾驶员通过换挡来控制车辆的速度和动力输出，为驾驶员提供更好的驾驶体验。在手动变速器中，驾驶员可以直接控制换挡；而在自动变速器中，这一过程由 ECU 自动完成。

（4）提高燃油效率：通过优化齿轮比和动力传递效率，传动系统有助于提高车辆的燃油经济性。在适当的速度和负载下，发动机可以在其较为经济的运行区间工作，从而减少燃油消耗。

（5）适应不同驾驶条件：传动系统能够适应各种驾驶环境，如湿滑路面、陡峭坡道或拥堵交通。它确保车辆在这些条件下仍能保持稳定和安全。

（6）提高驾驶舒适性：现代传动系统通过减少换挡冲击和提高换挡平顺性，提升了驾驶和乘坐的舒适性。这对于长途驾驶尤为重要，可以减少驾驶员的疲劳感。

（7）车辆性能优化：高性能车辆的传动系统设计通常更加复杂，以支持更高的动力输出和更快的加速性能。这使得车辆在赛道或特殊驾驶条件下能够发挥出最佳性能。

总之，传动系统是连接发动机与车轮的桥梁，它不仅确保了车辆的基本移动能力，还对车辆的整体性能和驾驶体验有着重要影响。

（二）传动系统的重要性与影响因素

1.传动系统对车辆性能的影响

传动系统对车辆性能有着多方面的影响，这些影响体现在以下几个关键领域：

（1）加速性能：传动系统的齿轮比设置直接影响车辆的加速能力。合适的齿轮比可以让发动机在最佳转速下工作，从而提供最大的扭矩，实现快速加速。高性能车辆通常会有更紧密的齿轮比，以确保在加速时能够迅速提升速度。

（2）燃油经济性：传动系统的设计和效率对燃油消耗有显著影响。一个高效的传动系统能够在不同的行驶条件下保持发动机在经济转速区间运行，从而降低燃油消耗。现代车辆中的连续可变变速器（CVT）和双离合变速器（DCT）等技术，通过优化换挡逻辑和减少能量损失，进一步提高了燃油经济性。

（3）驾驶舒适性：传动系统的平顺性对驾驶舒适性至关重要。一个设计良好的传动系统能够实现平滑地换挡，减少在驾驶过程中车辆产生的冲击和顿挫感，为驾驶员提供更加愉悦的驾驶体验。

（4）操控稳定性：在高速行驶或曲线行驶时，传动系统能够通过适当的动力分配来帮助车辆保持稳定。例如，某些四驱系统和电子稳定控制系统（ESC）可以与传动系统协同工作，通过调整动力输出来提高车辆的操控性。

（5）爬坡能力：传动系统的低速齿轮比可以提供更大的扭矩，这对于车辆在爬坡时尤为重要。这使得车辆能够更容易地克服陡峭的坡道，而不会感到动力不足。

（6）耐用性和可靠性：传动系统的质量和可靠性直接影响车辆的整体耐用性。一个设计精良、制造精良的传动系统可以在各种工况下长期稳定工作，从而减少维修和更换的频率。

（7）噪声和震动：传动系统在运行中产生的噪声和震动水平也是影响驾驶舒适性的因素。现代传动系统通过优化设计和使用高级材料，努力降低噪声和减少震动，以提升车内的安静程度。

（8）动力输出的响应性：传动系统的反应速度，尤其是在快速加速或突然减速时，对车辆的动力输出响应性有直接影响。快速且精确的换挡响应能够提供更加直接的动力控制，增强驾驶乐趣。

综上所述，传动系统是车辆性能的关键组成部分，它不仅影响车辆的基本移动能力，还涉及燃油经济性、驾驶舒适性、操控稳定性等多个方面，对车辆的整体性能有着重大的影响。

2.传动系统的效率与燃油经济性的关系

传动系统的效率与燃油经济性之间存在着密切的关系。传动系统的效率决定了动力从发动机到驱动轮的传递过程中能量损失的程度，而这种能量损失直接影响到车辆的燃油消耗。以下是传动系统的效率如何影响燃油经济性的一些关键点：

（1）能量损失：传动系统中的任何摩擦和机械损耗都会降低效率，导致能量损失。这些损失包括齿轮摩擦、润滑油的粘滞阻力、轴承摩擦等。高效率的传动系统能够减少这些损失，从而提高燃油经济性。

（2）齿轮比优化：传动系统中的齿轮比设置对燃油经济性至关重要。合理的齿轮比可以让发动机在较低的转速下运行，同时提供足够的扭矩，这样可以在保持动力输出的同时减少燃油消耗。

（3）换挡策略：自动变速器的换挡策略对燃油经济性有显著影响。智能的换挡逻辑能够确保发动机始终在较为经济的转速区间运行，而手动变速器的驾驶员如果能够掌握正确的换挡时机，也能实现类似的效果。

（4）动力传递路径：传动系统的结构设计也会影响燃油经济性。例如，双离合变速器（DCT）和连续可变变速器（CVT）等现代变速器技术，通过减少动力传递中断和优化动力传递路径，提高了整体效率。

（5）重量和动力需求：传动系统的重量也会影响燃油经济性。较重的传动系统会增加车辆的整体重量，从而增加动力需求和燃油消耗。轻量化设计有助于提高传动系统的效率。

（6）维护和润滑：良好的维护和适当的润滑可以减少传动系统中的摩擦，提高效率。定期更换润滑油和保持齿轮清洁可以确保传动系统长期高效运行。

（7）能量回收：在某些先进的传动系统中，如混合动力车辆，能量回收系统可以将制动时产生的能量转换回电能，并存储在电池中，这不仅提高了能量利用效率，也间接提高了燃油经济性。

总之，传动系统的效率是影响燃油经济性的关键因素之一。通过优化设计、提高材料科学、改进润滑和维护策略，以及采用先进的变速器技术，可以显著提高传动系统的效率，从而降低燃油消耗，提高车辆的整体燃油经济性。

二、传动系统的关键组件及其功能

（一）发动机

1.发动机类型与工作原理

发动机是一种将能量转化为机械能的装置，它有多种类型，每种类型的工作原理都有所不同。以下是几种常见的发动机类型及其工作原理：

（1）内燃机

①汽油发动机：汽油发动机以汽油作为燃料，在气缸内与空气混合后被点燃，产生的高温高压气体推动活塞运动，从而产生动力。汽油发动机通常采用四冲程循环，包括进气、压缩、做功（燃烧）和排气四个阶段。

②柴油发动机：柴油发动机是以柴油作为燃料。柴油发动机在压缩阶段结束时喷入高压柴油，由于压缩空气的温度已经很高，柴油自燃产生动力。柴油发动机的压缩比通常比汽油发动机高，因此热效率更高，但噪声和震动也更大。

（2）外燃机

①斯特林发动机：斯特林发动机通过外部热源（如太阳能、废热）加热工作介质（通常是气体），使其膨胀做功。斯特林发动机不直接燃烧燃料，因此燃烧过程与动力产生过程是分离的。

②蒸汽机：将在锅炉中的水加热成蒸汽，蒸汽通过管道进入汽缸推动活塞，然后通过冷凝器冷却成水，循环使用。蒸汽机是工业革命时期的重要动力源。

（3）喷气发动机

①涡轮喷气发动机：通过高速旋转的涡轮压缩空气，与燃料混合后在燃烧室内燃烧，产生的高速气流通过喷嘴排出，产生推力。这种发动机主要用于飞机。

②涡扇发动机：是涡轮喷气发动机的一种，但是它增加了一个或多个风扇，用于增加进入燃烧室的空气量，以提高运行效率。涡扇发动机广泛应用于现代商用飞机。

（4）电动机

电动汽车中的电动机电池储存的电能，通过电机将电能转化为机械能，直接驱动车轮。电动机的工作原理基于电磁感应，即电流通过线圈产生磁场，磁场与永磁体或电磁体相互作用产生旋转力。

每种发动机都有其特定的应用场景和优势。例如，内燃机广泛应用于汽车和摩托车，而电动机则因其高效和环保特性在电动汽车领域越来越受欢迎。外燃机和喷气发动机则在特定领域（如发电、航空）有着不可替代的作用。

2.发动机在传动系统中的作用

发动机在传动系统中扮演着核心角色，其主要作用是提供动力，是整个系统的能量源泉。以下是发动机在传动系统中的具体作用：

（1）动力产生：发动机是将燃料（如汽油、柴油、电力等）的化学能转化为机械能的装置。在内燃机中，燃料在气缸内燃烧产生高温高压气体，推动活塞运动，从而产生动力。在电动机中，电能通过电磁场的作用转化为机械能，驱动轮子旋转。

（2）转速控制：发动机的转速直接影响到车辆的速度和加速性能。通过调整油门（油门踏板）的开度，驾驶员可以控制发动机的转速，进而影响车辆的动力输出。

（3）扭矩输出：发动机产生的扭矩是推动车辆前进的关键。在内燃机中，发动机的扭矩输出与转速、气缸设计和燃料供应等因素有关。由于电机可以在低转速下产生高扭矩，因此在电动机中，扭矩输出通常更加直接和线性。

（4）与传动系统协同工作：发动机产生的动力需要通过传动系统（包括离合器、

变速器、驱动轴等）传递到驱动轮。发动机的输出特性（如扭矩曲线、功率输出）需要与传动系统的齿轮比和换挡逻辑相匹配，以实现最佳的驾驶性能和燃油经济性。

（5）适应不同驾驶条件：发动机需要能够适应不同的驾驶条件，如城市驾驶、高速巡航、爬坡等。这要求发动机在不同的工况下都能提供合适的动力和扭矩，同时保持高效运行。

（6）环保与节能：随着环保法规的日益严格，发动机的设计越来越注重节能减排。现代发动机通过采用先进的燃烧技术、涡轮增压、可变气门正时等技术，提高燃油效率，减少汽车尾气的排放。

（7）提供辅助动力：除驱动车辆外，发动机还为车辆的其他系统提供动力，如空调、发电机、水泵等。这些辅助系统在车辆运行中也扮演着重要角色。

总之，发动机是传动系统中的动力源，它不仅负责产生推动车辆前进所需的动力，还需要与传动系统的其他部件协同工作，以实现车辆的整体性能优化。发动机的性能直接影响到车辆的加速、燃油经济性、驾驶舒适性和环保性能。

（二）离合器与液力变矩器

1.离合器的工作原理与类型

离合器是汽车传动系统中的一个关键部件，它的主要作用是在发动机和变速器之间实现动力的传递与中断。离合器的工作原理主要基于摩擦力，通过控制摩擦片与飞轮之间的接触来实现动力的传递或切断。

（1）离合器的工作原理

①分离状态：当驾驶员踩下离合器踏板时，离合器的压盘会向后移动，与飞轮之间产生间隙。这时，从动盘（离合器片）与飞轮和压盘之间的摩擦力消失，发动机与变速器之间的动力传递被中断，确保驾驶员进行换挡或使行驶中的车辆停止。

②接合状态：当驾驶员松开离合器踏板时，压盘在弹簧力的作用下向前移动，与飞轮紧密接触。此时，从动盘与飞轮和压盘之间产生足够的摩擦力，发动机的动力通过摩擦片传递到变速器，进而驱动车辆。

③半联动状态：在起步或换挡过程中，驾驶员会逐渐松开离合器踏板，使压盘与飞轮之间产生部分接触。这种状态下，发动机的动力部分传递到变速器，车辆可以平稳起步或平滑换挡。

（2）离合器的类型

①摩擦式离合器：摩擦式离合器是最常见的离合器类型，包括单片离合器和多片离合器。单片离合器由一个摩擦片、飞轮和压盘组成，而多片离合器则包含多个摩擦片以承受更大的扭矩。

②电磁离合器：电磁离合器通过电磁线圈产生磁力来控制离合器的接合与分离。线圈通电时产生磁力，使离合器接合；断电时磁力消失，离合器分离。

③磁粉离合器：磁粉离合器使用磁粉作为传递介质。当线圈通电时，磁粉被磁化并形成磁链，实现动力传递；断电时，磁链断裂，动力传递中断。

④液力离合器：液力离合器利用液体的动能来传递动力，通常用于自动变速器中。液力变矩器是液力离合器的一种，它通过液体的流动来平滑地传递动力，无须直接地进行机械接触。

⑤锥形离合器：锥形离合器具有锥形的摩擦区域，通常用于同步器和行星齿轮箱。它在 20 世纪 20 年代曾被广泛使用，但后来由于性能问题被单片离合器所取代。

离合器的设计和类型直接影响到车辆的驾驶性能和驾驶者的驾驶体验。正确使用和维护离合器对于确保车辆的可靠性和延长其使用寿命至关重要。

2.液力变矩器的功能与优势

液力变矩器是自动变速器中的一个重要组件，它在发动机和变速器之间起到动力传递和扭矩控制的作用。以下是液力变矩器的主要功能和优势：

（1）液力变矩器的功能

①动力传递：液力变矩器通过液体（通常是油）在泵轮（与发动机曲轴相连）、涡轮（与变速器输入轴相连）和导轮（位于泵轮和涡轮之间）之间的循环流动来传递动力。这种传递方式确保发动机在不直接与变速器连接的情况下运行。

②扭矩放大：在车辆低速行驶或起步时，液力变矩器能够放大发动机的扭矩，提供更大的启动扭矩，使得车辆更容易起步和加速。

③平滑换挡：通过液力变矩器的工作原理，它能够在发动机和变速器之间提供平滑的动力传递，减少了换挡时的冲击，提高了驾驶舒适性。

④保护发动机和变速器：液力变矩器通过液体传递动力，减少了直接机械连接可能产生的冲击和磨损，从而延长了发动机和变速器的使用寿命。

（2）液力变矩器优势

①无冲击启动：液力变矩器确保发动机在不熄火的情况下启动，为驾驶员提供了更

加平稳的驾驶体验。

②自适应扭矩控制：液力变矩器能够根据不同的驾驶条件自动调整扭矩输出，提高了车辆的驾驶性能和燃油经济性。

③简化操作：在配备液力变矩器的自动变速器中，驾驶员无须手动操作离合器，简化了驾驶操作。

④提高通过性：液力变矩器在通过恶劣路面或爬坡时能够提供额外的扭矩，提高了车辆的通过性和牵引力。

⑤减少磨损：由于液力变矩器的液体传递特性，它能够减少发动机和变速器之间的直接机械冲击，降低磨损。

⑥提高效率：现代液力变矩器通常配备有锁止离合器，当车辆达到一定速度时，锁止离合器会将泵轮和涡轮锁定，以减少能量损失，提高传动效率。

液力变矩器在自动变速器中起着至关重要的作用，它不仅提高了驾驶的舒适性和便捷性，还有助于提高车辆的整体性能和可靠性。

（三）变速器

1.手动变速器与自动变速器的区别

手动变速器（MT）和自动变速器（AT）是汽车中两种主要的传动系统，它们在操作方式、结构设计和驾驶体验上有显著的区别。

（1）手动变速器（MT）

①操作方式：驾驶员需要手动操作离合器和换挡杆来控制动力的传递。在换挡时，驾驶员需要踩下离合器，选择相应的齿轮，然后释放离合器来完成换挡。

②驾驶参与度：手动变速器要求驾驶员参与驾驶过程，需要对车辆的动态有更深入的理解和控制。

③燃油经济性：在熟练驾驶员手中，手动变速器通常能提供更好的燃油经济性，因为驾驶员可以根据实际驾驶条件精确控制换挡时机。

④维护成本：手动变速器的结构相对简单，维护成本通常较低。

⑤驾驶乐趣：许多驾驶爱好者认为，手动变速器更能提供直接的驾驶感受和驾驶乐趣。

（2）自动变速器（AT）

①操作方式：自动变速器通过电子控制单元（ECU）自动完成换挡，驾驶员无须手

动操作离合器和换挡杆。

②驾驶便利性：自动变速器简化了驾驶过程，尤其是在城市拥堵或频繁停车的路况下，减轻了驾驶员的疲劳感。

③燃油经济性：现代自动变速器，特别是双离合变速器（DCT）和连续可变变速器（CVT），在燃油经济性方面已经非常接近甚至超过手动变速器。

④维护成本：自动变速器的结构复杂，维护成本通常高于手动变速器。

⑤驾驶体验：自动变速器提供了平稳的驾驶体验，减少了换挡时的冲击，但可能缺乏手动变速器的直接反馈。

⑥技术发展：随着汽车技术的发展，自动变速器技术也在不断发展，如智能换挡逻辑、多速自动变速器、电子控制等，为车辆提供了更多的驾驶模式和更好的性能。

手动变速器和自动变速器各有优点，手动变速器能够提供更多的驾驶参与感和可能的燃油经济性，而自动变速器则能够提供便利性和舒适性。因此选择哪种变速器取决于驾驶员的个人喜好、驾驶习惯以及对车辆性能的需求。

2.变速器的换挡机制与控制

变速器的换挡机制和控制方式在手动和自动变速器之间有所不同。以下是两种变速器的换挡机制与控制方式的详细说明：

（1）手动变速器（MT）的换挡机制与控制

①换挡机制

a.离合器操作：驾驶员通过踩下离合器踏板来断开发动机与变速器之间的动力连接。

b.换挡杆操作：驾驶员移动换挡杆来选择不同的齿轮。换挡杆通常有多个挡位，包括前进挡、倒挡和空挡。

c.同步器作用：在换挡过程中，同步器帮助齿轮啮合，减少齿轮间的转速差，使换挡过程更加平滑。

②控制方式

a.驾驶员控制：手动变速器完全依赖驾驶员的判断和操作来控制换挡时机和挡位选择。

b.经验与技巧：熟练的驾驶员能够根据发动机转速、车速和驾驶条件来决定何时换挡，以达到最佳的驾驶性能和燃油经济性。

（2）自动变速器（AT）的换挡机制与控制

①换挡机制

a.液力变矩器：自动变速器通常使用液力变矩器来传递动力，它确保发动机在不熄火的情况下与变速器断开连接。

b.行星齿轮组：自动变速器内部包含多个行星齿轮组，通过ECU控制多片离合器和制动器来选择不同的齿轮组合。

c.锁止离合器：在某些条件下，锁止离合器可以将液力变矩器的泵轮与涡轮锁定，直接传递动力，减少能量损失。

②控制方式

a.电子控制：自动变速器的换挡逻辑由ECU控制，它根据发动机转速、车速、油门位置、驾驶模式等参数来决定换挡时机。

b.驾驶模式：许多现代自动变速器提供多种驾驶模式（如经济、运动、雪地模式等），驾驶员可以根据自己的需求选择不同的模式，ECU会相应调整换挡策略。

c.手动干预：尽管自动变速器主要由ECU控制，但许多车型也提供手动换挡功能，确保驾驶员能通过换挡杆或方向盘上的拨片来手动选择挡位。

在自动变速器中，换挡机制和控制更加复杂，依赖于先进的电子技术和精密的机械设计。而手动变速器则更依赖于驾驶员的技能和经验。随着汽车技术的发展，自动变速器的换挡逻辑越来越智能，能够为驾驶员提供接近甚至超越手动变速器的驾驶体验。

（四）驱动轴与差速器

1.驱动轴的结构与功能

驱动轴，也称为传动轴，是汽车传动系统中的关键部件，负责将发动机产生的动力从变速器传递到驱动轮。驱动轴的结构和功能如下：

（1）驱动轴的结构

①轴管：轴管是驱动轴的主要部分，通常由高强度的无缝钢管制成，用于支撑和传递扭矩。轴管的直径和壁厚根据传递的扭矩和转速进行设计。

②万向节：万向节连接驱动轴的不同部分，确保轴在不同角度下转动。万向节的设计能确保轴在车辆行驶过程中，尤其是在转弯时，能够适应发动机和驱动轮之间的相对位置变化。

③伸缩套：在某些驱动轴设计中，伸缩套用于自动调节变速器与驱动桥之间距离的

变化，以适应车辆的悬挂运动。

④轴承：轴承用来支撑轴管并减少摩擦，确保轴的平稳旋转。轴承可以是滚子轴承或滑动轴承，通常位于驱动轴的两端，靠近万向节。

⑤轴承支架：轴承支架用来固定轴承，保持轴承与轴管之间的正确位置。

⑥油封：油封的作用是防止润滑油泄漏，同时防止灰尘和水分进入驱动轴内部。

（2）驱动轴的功能

①动力传递：驱动轴将发动机产生的动力通过变速器传递到驱动轮，使车辆得以移动。

②适应悬挂运动：通过万向节的设计，驱动轴能够适应车辆在行驶过程中的悬挂运动，确保动力传递的连续性和车辆的稳定性。

③减少磨损：轴承和油封的设计有助于减少驱动轴在高速旋转时的磨损，延长其使用寿命。

④保持平衡：驱动轴在出厂前通常经过动平衡测试，以确保在高速旋转时的稳定性，减少震动。

⑤支撑车辆重量：在某些设计中，驱动轴还承担着支撑车辆重量的作用，尤其是在四驱系统中。

⑥改善车辆稳定性：在四驱系统中，驱动轴有助于分配动力到四个车轮，提高车辆在各种路面条件下的牵引力和稳定性。

驱动轴的设计和制造需要考虑到强度、耐久性、重量和成本等因素，以确保其在各种工况下都能可靠地工作。随着汽车技术的发展，现代驱动轴采用了更先进的材料和制造工艺，以提高性能和效率。

2.差速器的设计原理与作用

差速器是汽车传动系统中的一个关键部件，它的设计原理和作用主要体现在以下几个方面：

（1）差速器的设计原理

①行星齿轮机构：差速器通常由行星齿轮、行星架（差速器壳）、半轴齿轮等组成。它本质上是一种行星齿轮机构，其中行星齿轮围绕行星架旋转，而行星架与主减速器的从动齿轮相连，形成主动件。

②对称式圆锥齿轮：在对称式圆锥齿轮差速器中，差速器壳与行星齿轮轴连成一体，形成行星架。半轴齿轮作为从动件，与行星齿轮啮合。当行星齿轮紧随行星架公转时，

所有啮合点的圆周速度相等，此时差速器不起差速作用。

③自动调整转速：在汽车转弯时，由于内侧车轮和外侧车轮的转弯半径不同，差速器能够自动调整两轮的转速，使得内侧车轮转速减慢，外侧车轮转速加快，以适应转弯的需要。

（2）差速器的作用

①确保不同转速：差速器确保并支持汽车在转弯时，左右（或前后）车轮能以不同的速度旋转，这是由于转弯时内侧车轮的路径比外侧车轮短。

②提高操控性：通过使车轮以不同的速度旋转，差速器提高了汽车在曲线行驶时的操控性和稳定性。

③适应路面条件：在不平坦的路面上行驶时，差速器能使车轮独立应对路面状况，减少滑动，提高牵引力。

④防止轮胎磨损：如果车轮不能独立旋转，可能会导致轮胎磨损加剧。差速器通过使车轮独立旋转，减少了不必要的磨损。

⑤提高通过性：在越野或恶劣路面条件下，差速器可以确保动力传递到有抓地力的车轮，提高车辆的通过性。

差速器的设计和功能对于汽车的整体性能至关重要，它不仅提高了驾驶的舒适性和安全性，还在一定程度上影响了车辆的燃油经济性。随着汽车技术的发展，现代汽车中还出现了限滑差速器（LSD）、电子控制防滑差速器（ELSD）等高级差速器，它们在提高车辆性能的同时，还能与车辆的电子稳定程序（ESP）等系统协同工作，进一步增强驾驶体验。

（五）驱动轮

1.驱动轮的类型与特性

驱动轮是车辆或其他机械中负责将动力传递到地面，从而推动机械前进的车轮。根据车辆的不同设计和用途，驱动轮的类型和特性也有所差异。以下是一些常见的驱动轮类型及其特性：

（1）前轮驱动

①特性：动力直接传递给前轮，简化了传动系统，通常用于轿车和小型车辆。

②优点：结构简单，重量分布均匀，空间利用率高，燃油经济性好。

③缺点：在湿滑路面或急加速时，前轮容易失去牵引力，可能导致转向不足（推头）。

（2）后轮驱动

①特性：动力传递给后轮，前轮负责转向，常见于豪华轿车、跑车和一些高性能车辆。

②优点：提供良好的操控性和加速性能，尤其是在高速行驶时。

③缺点：在湿滑路面上可能更容易打滑，且传动系统结构相对复杂。

（3）四轮驱动

①特性：动力分配到四个车轮，能提供更好的牵引力和越野能力，适用于 SUV 和越野车。

②优点：在恶劣路面条件下稳定性好，通过性强。

③缺点：结构复杂，重量较重，燃油经济性相对较差。

（4）全时四驱

①特性：无论在何种路面条件下，动力始终分配到四个车轮，提供持续的牵引力。

②优点：全天候驾驶性能优异，适用于各种路况。

③缺点：燃油经济性较差，维护成本较高。

（5）分时四驱

①特性：驾驶员可以根据需要手动切换两驱和四驱模式，通常用于越野车。

②优点：在不需要四驱时可以节省燃油，同时在需要时提供额外的牵引力。

③缺点：需要驾驶员手动操作，可能在某些情况下反应不够迅速。

（6）适时四驱

①特性：系统根据路面条件自动切换两驱和四驱模式，无须驾驶员干预。

②优点：操作简便，能够快速适应路面变化。

③缺点：在某些极端条件下可能不如全时四驱稳定。

（7）电动驱动轮

①特性：电机直接安装在车轮轮毂中，省略了传统的传动部件，常见于电动汽车。

②优点：传动效率高，结构简化，响应速度快，易于实现电子控制。

③缺点：电池重量和能量密度限制了车辆的续航里程。

驱动轮的选择取决于车辆的设计目标、预期用途以及驾驶者的需求。不同的驱动方式对车辆的操控性、燃油经济性、越野能力和制造成本都有显著影响。随着汽车技术的发展，驱动轮的设计和应用也在不断进化，以满足更多样化的市场需求。

2.驱动轮在动力传递中的作用

驱动轮在动力传递中扮演着至关重要的角色,其主要作用如下:

(1)动力转换:驱动轮将发动机产生的动力(通过变速器和驱动轴)转换为推动车辆前进的力。在内燃机车辆中,这个转换是通过机械方式实现的,而在电动汽车中,则是直接通过电机驱动。

(2)牵引力提供:驱动轮与地面接触,通过摩擦力产生牵引力,这是车辆能够移动的基础。牵引力的大小直接影响车辆的加速性能和爬坡能力。

(3)适应路面条件:驱动轮的设计和特性(如轮胎类型、胎压、轮距等)影响车辆在不同路面(如干燥、湿滑、沙砾等)上的牵引力和稳定性。

(4)转向与驱动的协调:在前轮驱动车辆中,前轮同时负责转向和驱动,需要精确地进行控制,以确保车辆的操控性。在后轮驱动车辆中,后轮负责驱动,前轮负责转向,这种分离的设计可以提高车辆的操控性和稳定性。

(5)动力分配:在四轮驱动系统中,驱动轮能够根据路面条件和车辆动态,通过差速器和电子控制系统将动力分配到各个车轮,以优化牵引力和提高车辆的通过性。

(6)减少能量损失:高效的驱动轮设计可以减少能量在传递过程中的损失,提高燃油经济性或电池续航里程。

(7)安全与稳定性:驱动轮的设计和特性对于车辆在紧急制动、急转弯等情况下的稳定性和安全性至关重要。良好的驱动轮设计可以减少打滑和失控的风险。

(8)电子控制:现代车辆中,驱动轮的控制越来越多地依赖于电子系统,如电子稳定程序(ESP)、牵引力控制系统(TCS)等,这些系统能够实时监测并调整驱动轮的动力输出,以确保最佳的驾驶性能和安全性。

总之,驱动轮是车辆动力传递链的最后一环,它直接影响到车辆的行驶性能、燃油经济性、操控性和安全性。随着汽车技术的进步,驱动轮的设计和功能也在不断优化,以适应更加复杂和多变的驾驶环境。

三、传动系统的技术发展与未来趋势

（一）现代传动系统技术

1.传动系统的电子控制与智能化

传动系统的电子控制与智能化是现代汽车和工业机械领域的重要发展方向，它将先进的电子技术和计算机控制技术应用于传动系统，以提高其性能、效率和可靠性。以下是传动系统电子控制与智能化的一些关键特点和应用：

（1）电子控制单元（ECU）：ECU是传动系统智能化的核心，它负责接收来自各种传感器的信号，如发动机转速、车速、油门位置等，并根据预设的控制策略来控制变速器的换挡、离合器的接合与分离等操作。ECU通过精确的计算和决策，实现对传动系统的实时控制。

（2）智能化的换挡策略：智能化的换挡策略能够根据驾驶者的驾驶习惯、道路条件和车辆状态自动调整换挡时机，以实现最佳的燃油经济性和驾驶舒适性。例如，双离合变速器（DCT）和连续可变变速器（CVT）等现代变速器技术，其换挡逻辑由ECU智能控制，以提供更加平滑和高效的动力传递。

（3）故障诊断与预测维护：智能化的传动系统能够通过ECU实时监控传动系统的工作状态，对异常情况进行诊断，并在必要时提醒驾驶员进行维护。这种预测性维护有助于减少意外故障，延长传动系统的使用寿命。

（4）能量管理：在混合动力和电动汽车中，智能化的传动系统能够更有效地管理电池能量，优化能量回收和分配，提高整车的能源利用效率。

（5）驾驶辅助系统：智能化的传动系统可以与车辆的其他电子系统（如电子稳定程序、牵引力控制系统等）协同工作，为驾驶员提供更加安全和舒适的驾驶体验。例如，通过智能控制，车辆可以在湿滑路面上自动调整动力分配，提高车辆的稳定性。

（6）自适应控制：智能化的传动系统能够根据驾驶条件和驾驶员需求自动调整其工作模式，在运动模式下提供更直接的动力响应，在经济模式下优化燃油消耗。

（7）网络通信：现代传动系统通过CAN总线等通信协议与车辆的其他电子控制单元进行数据交换，实现信息共享和系统间的协同工作。

（8）软件升级：智能化的传动系统支持软件升级，可以通过无线网络接收更新，以适应新的驾驶法规、提高系统性能或修复已知问题。

　　传动系统的电子控制与智能化不仅提高了车辆的性能和驾驶体验，还有助于实现更加环保和节能的出行方式。随着汽车技术的不断发展，未来传动系统将更加智能化，为用户带来更加便捷、安全和高效的驾驶体验。

2.高效动力传递技术

　　高效动力传递技术是指在各种机械和工业应用中，能够实现动力高效、稳定且可靠传递的技术。这些技术旨在提高能量转换效率，减少能量损失，并确保动力传递的精确性和可靠性。以下是一些常见的高效动力传递技术：

　　（1）液力传动：液力传动利用液体介质（如水或油）在转子和固定壳体之间产生的流动摩擦力和流体动力学性质来传递动力和扭矩。它具有高效、平稳和可靠的特点，广泛应用于汽车自动变速器、重型机械设备、冶金设备等领域。

　　（2）高扭矩同步带：这种同步带设计用于承受高负载和大扭矩，通过精确的齿形匹配实现高效而精确的动力传递。它在重型机械、矿山设备、冶金设备和起重机械等应用中表现出色，提供了更高的传动效率和更低的能量损失。

　　（3）万向节技术：万向节是汽车动力传动系统中的关键部件，它确保在不同角度下传递动力。新型万向节技术，如改进型无抖动三销节，旨在减少驱动轴的抖动，降低摩擦，提高噪声、振动和声振粗糙度（NVH）的性能。

　　（4）混合动力系统：混合动力车辆结合了内燃机和电动机，通过不同的动力传递构型（如并联式、串联式、混联式）实现高效动力传递。这些系统在城市工况下提供良好的燃油经济性，在高速行驶时保持动力性能。

　　（5）齿轮传动：高精度齿轮设计和制造技术，如齿轮磨削和热处理，可以提高齿轮传动的效率和寿命。齿轮传动在各种机械中广泛应用，包括汽车、工业机械和精密设备。

　　（6）链传动：链传动是一种利用链条和链轮传递动力的方式，它在自行车、摩托车和某些工业机械中常见。链传动具有结构简单、维护成本低、传递效率高的特点。

　　（7）皮带传动：皮带传动，包括"V"形带和同步带，是另一种常见的动力传递方式。它适用于低扭矩和低速度的应用，具有结构简单、成本低、噪声小的优点。

　　（8）电子控制技术：随着电子技术的发展，电子控制单元（ECU）在动力传递系统中扮演着越来越重要的角色。ECU能够根据实时数据调整动力传递策略，优化燃油经济性和驾驶性能。

　　这些高效动力传递技术的发展和应用，不仅提高了机械设备的性能，还有助于实现节能减排，符合可持续发展的目标。随着新材料、新工艺和智能化技术的不断进步，未来的动力传递技术将更加高效、智能和环保。

（二）新能源汽车的传动系统

1.电动汽车的传动系统特点

电动汽车（EV）的传动系统与传统内燃机汽车相比，具有一些显著的特点和优势，列举如下：

（1）简化的机械结构：电动汽车的传动系统的机械结构通常比内燃机汽车简单得多。由于电动机可以直接产生所需的扭矩，因此不需要复杂的多速变速器。这减少了机械部件的数量，降低了维护成本和潜在的故障率。

（2）直接驱动：电动汽车的电动机可以直接将动力传递给驱动轴，无须通过离合器或复杂的齿轮系统。这种直接驱动方式提高了动力传递的效率，并提供了更平顺的加速性能。

（3）高效率：电动机的效率通常高于内燃机，这意味着电动汽车在能量转换过程中的损失较小。这不仅提高了车辆的能源利用效率，还有助于提高续航里程。

（4）可再生能源利用：电动汽车可以使用可再生能源（如太阳能、风能）产生的电力，这有助于减少对化石燃料的依赖，有利于降低碳排放，对环境友好。

（5）能量回收：许多电动汽车配备了能量回收系统（再生制动），在制动时可以将部分动能转换回电能，并将之存储在电池中，从而进一步提高能源效率。

（6）电子控制：电动汽车的传动系统通常由电子控制单元（ECU）精确控制，可以实现更智能的动力管理，如智能换挡、扭矩矢量控制等，为驾驶员提供更好的驾驶体验。

（7）驱动方式多样化：电动汽车可以根据设计需求采用前驱、后驱或四驱布局，甚至可以实现每个车轮独立控制，提供更灵活的驱动方式。

（8）低噪声和震动：由于没有内燃机的燃烧过程，电动汽车在运行时噪声和震动水平较低，为驾驶员和乘客提供了更加舒适的驾驶环境。

（9）维护成本较低：由于传动系统的简化，电动汽车的维护成本通常低于传统汽车，例如，减少了更换机油、滤清器等常规维护项目。

（10）快速响应：电动汽车的电动机响应速度快，加速性能好，能够提供即时的扭矩输出，使得电动汽车在加速时表现出色。

这些特点使得电动汽车在性能、效率和环保方面具有明显优势，是未来汽车技术发展的重要方向。随着电池技术的进步和成本的降低，电动汽车的普及率预计将进一步提高。

2.混合动力与插电式混合动力系统

混合动力系统和插电式混合动力系统都是新能源汽车技术的重要组成部分，它们结合了内燃机和电动机的优势，以提高燃油经济性和减少尾气排放。尽管两者都采用了混合动力技术，但它们在结构、工作原理和使用方式上存在一些关键区别。

（1）混合动力系统

①工作原理：混合动力汽车通常配备一个内燃机和一个或多个电动机。在行驶过程中，内燃机和电动机可以同时或单独为车辆提供动力。电动机通常在低速行驶或启动时工作，而内燃机则在高速行驶时接管主要动力输出。

②电池充电：混合动力汽车的电池主要通过制动能量回收（再生制动）和内燃机在行驶过程中产生的多余能量来充电，无须外部充电。

③纯电行驶里程：混合动力汽车的纯电行驶里程相对较短，通常用于短途行驶或低速行驶。

④燃油经济性：混合动力汽车在城市驾驶条件下通常表现出较好的燃油经济性，但在高速行驶时，燃油经济性可能不如插电式混合动力汽车。

（2）插电式混合动力系统

①工作原理：插电式混合动力汽车同样结合了内燃机和电动机，但它们的电池组容量更大，可以支持更长的纯电行驶里程。在纯电模式下，车辆可以完全依靠电力行驶；而在混合模式下，内燃机和电动机协同工作。

②电池充电：插电式混合动力系统需要通过外部电源进行充电，通常在家中或专用充电站进行。这使得它们在纯电模式下可以实现零排放行驶。

③纯电行驶里程：插电式混合动力汽车的纯电行驶里程通常在几十公里到一百多公里不等，这取决于电池容量和车辆设计。

④燃油经济性：在纯电模式下，插电式混合动力系统可以实现零油耗，而在混合模式下，由于电池容量较大，燃油经济性通常优于传统混合动力汽车。

总的来说，混合动力汽车适合那些希望在不改变传统加油习惯的同时提高燃油经济性的消费者，而插电式混合动力汽车则更适合那些能够定期充电、希望在城市驾驶中享受纯电动行驶优势，同时在长途行驶时不受充电设施限制的消费者。随着充电基础设施的完善和电池技术的进步，插电式混合动力汽车正逐渐成为新能源汽车市场的热门选择。

第二节 离合器、驱动桥的设计与工作

一、离合器的设计与工作

（一）离合器的设计要素

1.离合器组件分析

离合器组件分析涉及对离合器各个部分的功能、设计和相互作用的深入了解。以下是离合器主要组件的分析：

（1）飞轮

①功能：飞轮是发动机与离合器之间的连接部件，它具有较大的质量，用于储存和释放动能，平衡发动机的输出扭矩，以减少震动。

②设计：飞轮通常由铸铁或钢制成，设计时要考虑其惯性、强度和重量分布，以确保良好的性能和耐用性。

（2）压盘

①功能：压盘的主要作用是在离合器接合时，通过弹簧力将离合器片紧紧压在飞轮上，传递发动机的动力。

②设计：压盘通常由金属板制成，内部装有弹簧，设计时要考虑弹簧的压缩比、压盘的厚度和材料的耐热性。

（3）离合器片

①功能：离合器片是离合器的核心部件，由摩擦片、钢背板和压盘组成。在接合时，摩擦片与飞轮和压盘接触，传递动力；在分离时，摩擦片与飞轮分离，中断动力传递。

②设计：摩擦片通常由具有高摩擦系数的材料制成，如石棉、金属纤维或陶瓷，以确保良好的摩擦性能。钢背板则提供结构支撑。

（4）压紧弹簧

①功能：压紧弹簧负责在离合器分离时将压盘推离飞轮，以及在接合时提供必要的

压力，确保摩擦片与飞轮紧密接触。

②设计：弹簧的设计要考虑其压缩力、耐久性和响应速度，以适应不同的驾驶条件。

（5）释放机构

①功能：释放机构能使驾驶员通过踩下离合器踏板来控制离合器的分离和接合。它通常包括液压或机械传动系统，将踏板的动作转换为对压盘的压力变化。

②设计：释放机构的设计要确保操作的精确性和可靠性，同时要考虑到维护的便利性。

（6）液压系统

①功能：在液压离合器中，液压系统负责传递踏板力到压盘，实现离合器的分离和接合。

②设计：液压系统包括主缸、从缸、油管和液压油，设计时要考虑系统的密封性、油压控制和散热。

（7）调整机构

①功能：调整机构用于调整离合器片与飞轮之间的间隙，确保离合器的正常工作。

②设计：调整机构通常包括调整螺母、弹簧和限位器，设计时要考虑操作的便捷性和调整的精确度。

通过对这些组件的详细分析，可以更好地了解离合器的整体性能和工作过程，从而能对车辆进行有效的设计优化和故障诊断。

2.离合器的材料科学与耐久性考量

离合器的材料科学与耐久性考量是确保其在各种工况下长期稳定工作的关键因素。以下是对离合器主要部件材料选择和耐久性设计的一些考量：

（1）飞轮

①材料：通常采用铸铁或高强度合金钢，以承受发动机产生的高扭矩和惯性力。

②耐久性：设计时要考虑飞轮的平衡性，以减少震动，同时确保足够的强度和刚性，防止在遭受外力作用时车辆变形。

（2）压盘

①材料：通常使用高强度的弹簧钢或合金钢，以承受高压和高温。

②耐久性：压盘的设计应考虑弹簧的疲劳寿命，以及压盘在高温下的热稳定性，防止因热膨胀导致的间隙变化。

（3）离合器片

①材料：离合器片通常由复合材料制成，如石棉、有机纤维、金属纤维或陶瓷颗粒与橡胶或树脂基体的混合物。

②耐久性：摩擦材料的选择应具有高摩擦系数、良好的热稳定性和耐磨性，以保证在高温和高负荷下的性能。

（4）压紧弹簧

①材料：弹簧通常由高强度的弹簧钢制成，以提供必要的压缩力。

②耐久性：弹簧的设计应考虑其在长期、循环加载下的疲劳寿命，以及在高温环境下的稳定性。

（5）释放机构

①材料：释放机构的部件可能包括铸铁、铝合金或高强度塑料，取决于其在系统中的作用和承受的负荷。

②耐久性：释放机构的设计应确保在频繁操作下仍能保持精确的响应，同时考虑材料的抗腐蚀性和抗磨损性。

（6）液压系统

①材料：液压系统中的部件，如主缸和从缸，通常由耐压的铸铁或铝合金制成。

②耐久性：液压油的选择对系统的整体耐久性至关重要，应具有良好的热稳定性、抗氧化性和抗磨损性。

（7）调整机构

①材料：调整机构包括金属和塑料部件，需要考虑其在长期使用中的耐磨性和抗腐蚀性。

②耐久性：调整机构的设计需要考虑耐久性，应确保在各种工况下都能保持精确的间隙调整能力。

在设计离合器时，除了考虑材料的物理性能，还需要考虑制造工艺、装配精度、润滑条件以及维护保养的便利性。通过综合考虑这些因素，可以提高离合器的整体耐久性和可靠性。

3.离合器的设计优化与创新

离合器的设计优化与创新是汽车工程领域中的一个重要研究方向，旨在提高离合器的性能、可靠性和使用寿命，同时降低成本和提高驾驶舒适性。以下是一些关于离合器设计优化与创新的关键点：

（1）材料科学与耐久性

①设计优化：使用高强度、高耐磨性的材料，如高性能复合材料，以提高离合器片的耐用性。

②创新关键点：研究新型摩擦材料，以提高摩擦系数和热稳定性，减少磨损。

（2）结构设计与仿真

①设计优化：利用计算流体动力学和有限元分析进行热流耦合动态仿真，优化离合器内部的油路设计，确保油液分布均匀，减少局部过热。

②创新关键点：参数化设计和优化，通过调整离合器组件的尺寸和形状，如出油管孔径，来改善离合器的性能。

（3）智能控制与电子化

①设计优化：开发电子控制单元（ECU）来管理离合器的操作，实现更精确的接合和分离，提高驾驶员的驾驶舒适性。

②创新关键点：集成传感器和执行器，实现离合器的自动化控制，减少驾驶员的操作负担。

（4）响应面试验设计

采用响应面试验设计方法来确定最优的离合器设计参数，通过实验数据建立数学模型，预测和优化离合器性能。

（5）热管理与润滑

①设计优化：设计高效的热管理系统，确保离合器在高负荷工况下保持良好的工作温度。

②创新关键点：研究和应用新型润滑油，以提高润滑效果，减少磨损，延长离合器寿命。

（6）轻量化设计

在保证强度和耐久性的前提下，采用轻量化材料和设计，减轻离合器重量，提高燃油经济性。

（7）环保与节能

①设计优化：设计低能耗的离合器，减少能量损失，提高能源利用效率。

②创新关键点：考虑环保材料的使用，减少在离合器生产和使用过程中产生的环境问题。

（8）用户友好性

①设计优化：设计易于维护和更换的离合器组件，以降低维修成本和时间。

②创新关键点：提高离合器的适应性，使其能够适应不同驾驶风格和路况。

通过这些设计优化与创新，离合器不仅能够更好地满足现代汽车对性能和可靠性的要求，还能够为驾驶员提供更加舒适和便捷的驾驶体验。同时，这些改进也有助于推动整个汽车行业的技术进步和可持续发展。

（二）离合器的工作原理

1.动力传递机制

动力传递机制是指发动机产生的动力如何通过一系列的机械部件传递到车轮，从而驱动汽车行驶的过程。在内燃机汽车中，这个过程通常涉及以下几个关键部件和步骤：

（1）发动机：发动机燃烧燃料产生动力，通过活塞上下运动来推动曲轴旋转。

（2）飞轮：飞轮位于发动机的末端，它具有较大的质量，用于储存和释放动能，平滑发动机的输出扭矩，从而减少震动。

（3）离合器：当驾驶员踩下离合器踏板时，离合器接合，使得发动机的动力通过飞轮传递到变速箱。在手动变速器中，离合器的分离和接合由驾驶员控制；在自动变速器中，这个过程由 ECU 自动完成。

（4）变速箱：变速箱接收来自发动机的动力，并根据驾驶员的意图（通过油门踏板和刹车踏板）以及车辆的行驶状态，选择合适的齿轮比，将动力传递到驱动轴。

（5）驱动轴（传动轴）：驱动轴的功能是将变速箱输出的动力传递到差速器。在前驱车中，这个轴通常被称为驱动轴；在后驱车中，它被称为传动轴。

（6）差速器：差速器能确保左右车轮以不同的速度旋转，尤其是在车辆转弯时能够保持牵引力。它还有助于分配动力，确保当车轮失去抓地力时，动力仍然可以被传递到其他车轮。

（7）半轴：半轴连接差速器和车轮，将动力传递到车轮。在前驱车中，半轴直接连接到车轮；在后驱车中，半轴通过驱动轴连接到车轮。

（8）车轮：最终，动力通过车轮传递到地面，产生推力，从而推动汽车前进。

在整个动力传递过程中，各个部件的设计和优化对于确保动力传递的效率、平顺性和可靠性至关重要。例如，离合器的设计需要确保离合器在接合和分离过程中能够平滑地传递动力，而变速箱的设计则需要确保在不同速度和负荷下都能提供合适的齿轮比。

此外，差速器和半轴的设计也需要考虑到耐用性和维护的便利性。

2.接合与分离过程

离合器的接合与分离过程是手动变速器汽车中一个关键的操作环节，它确保驾驶员控制发动机与变速器之间的动力传递。以下是离合器接合与分离的基本过程：

（1）接合过程

①踏板释放：当驾驶员松开离合器踏板时，离合器开始接合。踏板的释放动作通过机械或液压系统传递到离合器。

②压盘移动：随着踏板的释放，压盘受到弹簧力的作用，开始向飞轮移动。

③摩擦片接触：压盘移动使得离合器片的摩擦片部分与飞轮和压盘接触。这些摩擦片通常由具有高摩擦系数的材料制成，如石棉、金属纤维或陶瓷。

④动力传递：随着摩擦片与飞轮的接触，发动机产生的动力开始通过摩擦片传递到变速器。此时，驾驶员应逐渐踩油门给油，以匹配发动机转速与车轮速度，实现离合器平稳接合。

⑤完全接合：当离合器完全接合后，发动机的动力可以被无间断地传递到变速器，然后通过齿轮传递到驱动轴，最终驱动车轮，使车辆得以运动。

（2）分离过程

①踏板踩下：当驾驶员踩下离合器踏板时，离合器开始分离。踏板的动作通过机械或液压系统传递到离合器。

②压盘分离：压盘在释放机构的作用下，从飞轮上移开，减少或消除对摩擦片的压力。

③摩擦片分离：随着压盘的移动，摩擦片与飞轮之间的接触减少，动力传递中断。此时，发动机与变速器之间的连接被断开。

④换挡或停车：在离合器分离后，驾驶员可以进行换挡操作，或者在停车时完全切断动力传递，使车辆静止。

在整个接合与分离过程中，驾驶员需要熟练掌握离合器的"摩擦点"（即离合器开始接合的点），以实现平稳驾驶。对于自动变速器车辆，这个过程由 ECU 自动完成，驾驶员只需操作油门和刹车即可。

二、驱动桥的设计与工作

（一）驱动桥的结构与功能

1.主减速器与差速器

主减速器与差速器是汽车传动系统中的关键部件，它们共同作用于驱动桥，负责将动力从变速器传递到车轮，并在转弯时确保车辆左右车轮能以不同的速度旋转。总之，设计应确保主减速器与差速器能够高效、稳定地传递动力，并能满足汽车在各种工况下的性能要求，包括加速、高速巡航和转弯。同时，还需要考虑汽车的动力性、燃油经济性、驾驶舒适性和安全性。以下是主减速器与差速器设计的步骤和一些基本考虑因素：

（1）主减速器设计：主减速器通常包括输入轴、输出轴、齿轮组（如锥齿轮或圆柱齿轮）以及轴承。设计时要考虑齿轮的齿数比，以确定减速比，这直接影响到汽车的加速性能和最高速度。齿轮材料的选择应具有良好的强度和耐磨性，以承受高负荷和强冲击力。

（2）差速器设计：差速器确保左右车轮在转弯时能以不同的速度旋转，通常包括行星齿轮、半轴齿轮和轴承。设计差速器时要考虑其内部结构，确保其在不同工况下都能提供良好的扭矩分配。差速器的设计还需要考虑其在极限工况下的性能，如在一侧车轮失去抓地力时的扭矩分配。

（3）强度分析与优化：使用有限元分析等工具对齿轮和轴承进行强度分析，确保设计满足耐久性要求。优化设计以减少重量、降低噪声和震动，提高整体性能。

（4）制造与装配：设计应考虑制造工艺的可行性，包括铸造、锻造、热处理和精密加工。装配过程应确保精确，以保证齿轮的正确啮合和轴承的正确安装。

（5）测试与验证：设计完成后，通过实验室测试和道路试验来验证主减速器与差速器的性能。测试应包括耐久性测试、噪声测试和动态性能测试。

（6）文档与标准化：设计过程中应详细记录设计参数、计算过程和测试结果，以便后续的审查和改进。设计应遵循相关的行业标准和法规要求。主减速器与差速器的设计是一个复杂的过程，涉及机械设计、材料科学、热力学和动力学等多个领域。设计师需要综合考虑这些因素，以确保最终产品的性能和可靠性。

2.半轴与轴承系统

半轴与轴承系统是汽车传动系统中的重要组成部分，它们负责将动力从差速器传递到车轮，同时支撑车轮的旋转。以下是半轴与轴承系统的设计关键点和功能特点：

（1）半轴

①功能特点：半轴是连接差速器和车轮的旋转轴，通常由高强度的钢材制成，以承受传递过程中的扭矩和弯矩。半轴的末端通常装有万向节，能确保半轴在不同角度下都能传递动力。

②设计关键点：设计时，要考虑半轴的长度、直径和刚度，以确保其在各种工况下都能稳定传递动力。

（2）轴承系统

①功能特点：轴承系统的功能是用于支撑半轴，减少摩擦，保证半轴的平稳旋转。常见的轴承类型包括球轴承和滚子轴承。

②设计关键点：由于轴承的安装位置和方式（如固定轴承、浮动轴承）会影响其承受负荷的方式和寿命。因此在设计轴承时，要考虑其承载能力、转速、润滑和密封性，以确保车辆能长期稳定运行。

（3）润滑与维护

①功能特点：轴承系统需要适当的润滑以减少磨损，以延长其使用寿命。润滑方式可以是油脂润滑或油浴润滑。

②设计关键点：设计时应考虑润滑剂的类型、更换周期和维护的便利性。

（4）密封与防尘

①功能特点：轴承系统需要良好的密封，以防止灰尘、水分等其他污染物进入，影响轴承的寿命。

②设计关键点：密封设计应确保半轴和轴承系统在各种工况下都能保持其密封性能。

（5）强度与耐久性

①功能特点：通过有限元分析和疲劳分析来预测和优化结构的强度。

②设计关键点：半轴和轴承系统在设计时要考虑其在高速、高负荷和恶劣环境下的耐久性。

（6）装配与定位：轴承的定位装置（如轴承座）应能承受轴向和径向负荷，保持轴承的正确位置。因此，设计时应考虑半轴与轴承的装配方式，确保安装简便且定位准确。

（7）噪声与震动控制：设计时应尽量减少半轴和轴承系统产生的噪声和震动，以提高驾驶员的驾驶舒适性。可以通过优化轴承设计、使用阻尼材料和调整半轴的刚度来控制震动。同时，半轴与轴承系统的设计和制造需要精确的计算和严格的质量控制，以确保汽车在各种驾驶条件下都能提供可靠的动力传递。

3.驱动轴的设计与作用

驱动轴是汽车传动系统中连接变速器和驱动桥（包含主减速器和差速器）的部件，它在动力传递过程中起着至关重要的作用。以下是驱动轴的设计要点和作用：

（1）驱动轴的设计要点

①材料选择：驱动轴通常由高强度的钢材或合金材料制成，以承受传递过程中的扭矩和弯曲应力。对于某些高性能车辆，可能会使用碳纤维或其他轻质高强度材料来减轻重量。

②尺寸与刚度：驱动轴的长度、直径和壁厚需要根据车辆的扭矩需求和空间布局来设计，以确保足够的刚度和强度。而刚度设计要考虑到减少震动和噪声，同时保持轴的灵活性。

③万向节：驱动轴上通常装有万向节，它们能够确保轴在不同角度下都能传递动力，同时吸收由车辆运动产生的轴向和径向位移。万向节的设计和材料选择对整个系统的耐用性和性能至关重要。

④润滑与密封：驱动轴需要良好的润滑以减少磨损，通常采用油脂润滑或油浴润滑。密封设计则要确保润滑油不会泄漏，同时防止灰尘和水分等其他物质进入，以免影响其使用寿命。

⑤装配与定位：设计时应考虑驱动轴的装配方式，确保安装简便且定位准确。驱动轴的固定点和支撑结构需要能够承受轴的重量和传递的扭矩。

（2）驱动轴的作用

①动力传递：驱动轴的主要作用是将变速器输出的动力传递到驱动桥，进而驱动车轮。

②角度补偿：通过万向节，驱动轴能够补偿车辆在行驶过程中由于悬挂系统运动引起的轴向和径向角度变化。

③支撑与定位：驱动轴在传递动力的同时，也起到支撑和定位的作用，确保动力传递的准确性。

④减少震动：驱动轴的设计有助于减少由动力传递产生的震动，提高驾驶舒适性。

⑤适应性：驱动轴的设计需要适应车辆的多种工况，包括加速、制动、转弯等，确保在各种情况下都能稳定工作。

在设计驱动轴时，工程师需要综合考虑车辆的性能要求、空间布局、成本和制造工艺，以确保驱动轴既高效又可靠。

（二）驱动桥工作过程

1.驱动桥的动力分配策略

驱动桥动力分配策略是指在汽车行驶过程中，如何根据车辆的行驶状态和驾驶员的操作，将动力合理地分配到各个车轮，以提高车辆的牵引力、稳定性和操控性。这种策略在现代汽车，尤其是电动汽车和高性能车辆中尤为重要。以下是一些常见的驱动桥动力分配策略。

（1）前后轴动力分配：在四轮驱动车辆中，动力可以在前后轴之间分配，以适应不同的路面条件和驾驶需求。例如，在正常行驶条件下，动力可能主要分配给前轴或后轴；而在越野或湿滑路面上，动力可能会平均分配到四个车轮，以提高牵引力。

（2）扭矩矢量控制：这是一种高级动力分配策略，通过独立控制每个车轮的扭矩，实现更精确的车辆操控。在转弯时，系统可以减少内侧车轮的扭矩，增加外侧车轮的扭矩，从而提高车辆的稳定性和操控性。

（3）电子差速锁：在某些情况下，如车轮打滑，电子差速锁可以锁定差速器，使得动力只传递到有抓地力的车轮，防止动力损失。

（4）双电机驱动系统：在电动汽车中，双电机驱动系统能确保每个电机独立控制前后轴的扭矩，以提供更灵活的动力分配。这种系统可以根据车辆的行驶状态和驾驶员的需求，动态调整前后轴的动力分配比例。

（5）能量管理策略：在电动汽车中，动力分配策略还需要考虑电池的能量管理。系统会根据电池的剩余电量、驾驶模式和预期的行驶路线，优化动力分配，以提高续航里程。

（6）基于驾驶模式的分配：许多现代汽车提供不同的驾驶模式（如经济、舒适、运动等），每种模式都有预设的动力分配策略，以适应不同的驾驶风格和路况。

（7）基于传感器数据的实时调整：通过集成各种传感器（如轮速传感器、加速度传感器、转向角传感器等），动力分配系统可以实时监测车辆状态，并根据实时数据调整动力分配，以确保最佳性能。

动力分配策略的设计和实现通常依赖于先进的电子控制单元（ECU）和复杂的算法，这些算法需要考虑车辆动力学、路面条件、驾驶员意图等多种因素。随着汽车技术的发展，动力分配策略正变得越来越智能化和自动化，为驾驶员提供了更加安全、高效和舒适的驾驶体验。

2.差速器的工作原理

差速器是汽车传动系统中的一个关键部件，它的主要作用是在汽车转弯时确保左右（或前后）车轮能以不同的速度旋转，从而保持车辆的稳定性和操控性。以下是差速器的基本工作原理：

（1）结构组成：差速器主要由差速壳、行星齿轮、行星架、半轴齿轮等部件组成。

差速壳与行星齿轮轴连成一体，形成行星架，通常与主减速器的从动齿轮固连，作为主动件。半轴齿轮安装在差速器的两侧，与车轮的半轴相连，作为从动件。

（2）工作原理：当汽车直线行驶时，差速器内部的齿轮保持同步旋转，左右车轮转速相同，差速器不起差速作用。当汽车转弯时，由于内侧车轮的转弯半径小于外侧车轮，内侧车轮的转速会自然减慢，而外侧车轮转速加快。差速器通过行星齿轮的自转来调整左右车轮的转速差，使得内侧车轮转速降低，外侧车轮转速提高，以适应转弯。

（3）差速器的差速作用：在转弯过程中，差速器能确保左右车轮以不同的速度旋转，这称为差速作用。这种设计避免了车轮在转弯时的滑动，提高了车辆的操控性和燃油效率。

（4）差速器的锁止：在某些情况下，如车轮打滑，差速器可能会失去其差速作用，导致动力无法有效传递到有抓地力的车轮。为了解决这个问题，可以安装限滑差速器（LSD）或电子控制防滑差速器（ELSD），这些差速器可以在车轮打滑时将动力分配到另一侧的车轮，提高车辆的牵引力。

（5）差速器的优化：为了提高差速器的性能，工程师会对其进行优化设计，如使用更高效的齿轮材料、改进齿轮形状和润滑系统等，以减少磨损、提高耐用性和降低噪声。

差速器的设计和工作原理对于确保汽车在各种路面条件下的行驶安全和性能至关重要。随着汽车技术的发展，现代汽车中的差速器越来越智能化，能够与车辆的其他电子系统（如 ABS、TCS、ESP 等）协同工作，以提供更好的驾驶体验。

3.驱动桥的维护与性能调校

驱动桥是汽车传动系统中的关键部件，负责将发动机的动力传递给车轮，并通过差速器实现车轮的差速转动。为了确保驱动桥的长期稳定运行和高效性能，定期的维护与性能调校是必不可少的。以下是驱动桥维护与性能调校的一些基本步骤和注意事项：

（1）清洁与检查

①定期清洁驱动桥壳体外部，去除灰尘和泥垢，确保通气孔畅通无阻。

②检查驱动桥的润滑油油量和质量，确保油液清洁且在适当的油位。润滑油对于减少摩擦、散热和保护齿轮至关重要。

（2）润滑系统维护

①使用合适的齿轮油，根据车辆制造商的推荐选择合适的油品和更换周期。

②检查油封和密封圈，确保它们完好无损，防止油液泄漏。

（3）齿轮与轴承检查

①检查齿轮的磨损情况，如有必要，进行调整或更换。

②对轴承进行润滑，确保其运转顺畅。如果轴承磨损严重，应及时更换。

（4）差速器维护

①检查差速器的工作状态，确保其能够将扭矩正确地分配给左右车轮。

②对于限滑差速器（LSD），确保其工作正常，能够在车轮打滑时提供适当的扭矩分配。

（5）半轴检查

①检查半轴的连接是否牢固，有无磨损或损坏。

②对于全浮式半轴，确保其不受弯曲载荷，以减少磨损。

（6）性能调校

①对于高性能车辆，可能需要对驱动桥进行性能调校，如调整主减速比，以优化加速性能和燃油经济性。

②对于越野车辆，可能需要调整差速器的锁定比例，以提高越野能力。

（7）定期检查与测试

①定期进行驱动桥的动态检查，如传动效率测试，确保其在各种工况下都能高效工作。

②对于电驱动桥，还需要检查电机、控制器和电池的状态，确保电驱动系统的稳定运行。

（8）记录与分析

记录维护和调校的历史，分析驱动桥的性能变化，为未来的维护和调校提供参考。

通过上述维护与性能调校，可以确保驱动桥在各种工况下都能保持最佳的性能，同时延长其使用寿命。对于现代汽车，特别是电动汽车，驱动桥的维护和调校还需要考虑电子控制系统的集成，确保所有部件能够协同工作。

第三节 变速器的检修与维护

一、双离合变速器（DCT）的检修与维护

（一）双离合变速器的组件检查

1.双离合变速器的磨损检查与间隙调整

双离合变速器（DCT）是一种高性能的自动变速器，它结合了手动变速器的直接驱动特性和自动变速器的便捷性。双离合变速器的磨损检查与间隙调整是确保其正常工作和延长使用寿命的重要维护措施。以下是双离合变速器磨损与间隙调整的详细步骤：

（1）磨损检查

①外观检查：首先，对双离合变速器的外部进行目视检查，寻找任何明显的磨损迹象，如漏油、裂纹或变形。

②功能测试：通过专业的诊断设备进行功能测试，检查离合器的接合和分离是否平滑，以及是否存在异常噪声。

③磨损部件：检查离合器片、压盘和飞轮等关键部件的磨损情况。这些部件在高负荷和高温下工作，容易磨损。

（2）间隙调整

①间隙测量：使用专用工具测量离合器片与压盘之间的间隙。这个间隙对于离合器的正常工作至关重要，过大或过小的间隙都会导致性能问题。

②调整方法：根据制造商的指导手册，调整离合器的间隙。这通常涉及调整压盘上的弹簧压力，或者在某些设计中，可能需要更换弹簧。

③专业设备：在进行间隙调整时，可能需要使用专业的调整设备，如离合器调整器，以确保精确的间隙设置。

（3）液压系统检查

①油液检查：检查双离合变速器的液压油液位和质量。油液应保持在正确的油位，

且无杂质和水分。

②油液更换：如果油液变质或被污染，应进行更换。更换时应使用制造商推荐的油液，以确保其最佳性能。

（4）电子控制单元（ECU）校准

①诊断：使用诊断工具读取ECU的故障代码，检查是否有与离合器相关的故障。

②校准：如果ECU需要校准，按照制造商的指导进行。这可能包括重新编程或更新ECU软件。

（5）测试与验证

①试驾：在完成磨损检查和间隙调整后，进行试驾，验证离合器的性能是否恢复正常。

②持续监控：在后续的驾驶中，持续监控离合器的性能，确保没有新的问题出现。

在进行双离合变速器的磨损检查和间隙调整时，建议由经验丰富的技术人员操作，以确保安全和准确性。不正确的调整可能会导致离合器性能下降，甚至损坏变速器。

2.液压系统的清洁与油液更换

液压系统在双离合变速器（DCT）中扮演着至关重要的角色，负责传递压力以控制离合器的接合和分离。液压系统的清洁与油液更换是确保变速器正常工作和延长其使用寿命的关键维护步骤。以下是液压系统清洁与油液更换的详细步骤：

（1）准备工作

①确保车辆停放在平坦的地面上，发动机冷却。

②准备所需的工具和材料，如扳手、漏油盘、新油液、滤清器（如果需要更换）等。

（2）排放旧油液

①找到液压系统的油底壳或油底塞，将其拧松或卸下，以便旧油液排出。

②使用漏油盘收集旧油液，注意安全处理废油。

（3）清洁油底壳

①在排放旧油液后，清洁油底壳内部，去除油泥和杂质。

②如果油底壳内有金属颗粒，这可能是磨损的迹象，需要进一步检查。

（4）更换滤清器（如果需要更换）

①如果液压系统中有滤清器，根据制造商推荐的更换周期进行更换。

②使用正确的工具拆卸旧滤清器，并安装新滤清器。

（5）添加新油液

①根据制造商的推荐，选择合适的液压油液。

②通过油底壳的加油口或专用加油口，缓慢倒入新油液，注意不要溢出。

③确保油液达到正确的油位，通常油位标线会在油底壳上有标记。

（6）检查系统泄漏

①在添加新油液后，检查液压系统的所有连接点，确保没有泄漏。

②如果发现泄漏，需要紧固或更换密封圈。

（7）重新安装油底壳

①清洁并检查油底壳和油底塞，确保它们没有损坏。

②将油底壳重新安装到位，并紧固。

（8）启动车辆并检查

①启动发动机，让变速器运行几分钟，以确保液压系统正常循环新油液。

②检查油液温度和压力，确保系统正常工作。

（9）试驾验证

①在安全的道路上进行试驾，感受离合器的接合和分离是否平滑，以及变速器的整体性能是否正常。

②如果有任何异常，可能需要进一步检查或调整。

液压系统的清洁与油液更换应定期进行，以保持变速器的最佳性能。建议遵循车辆制造商的维护计划和油液更换周期。在进行这些操作时，务必遵循安全规程，避免油液接触到皮肤或眼睛，并妥善处理废油。

3.电子控制单元（ECU）的诊断与校准

电子控制单元（ECU）是现代汽车中的关键部件，负责监控和管理发动机、变速器以及其他电子系统的性能。对于双离合变速器（DCT）等复杂系统，ECU 的诊断与校准对于确保系统正常运行至关重要。以下是 ECU 诊断与校准的基本步骤：

（1）诊断工具准备

①准备专业的诊断工具，如汽车诊断第二代系统（OBD-II）扫描仪或制造商提供的专用诊断软件。

②确保诊断工具与车辆的 ECU 兼容，并且软件版本是最新的。

（2）连接诊断工具

①将诊断工具连接到车辆的 OBD-II 端口，这个端口通常位于驾驶员侧的仪表

板下方。

②打开车辆的点火开关，但不必启动发动机。

（3）读取故障代码

①使用诊断工具读取 ECU 存储的故障代码（DTCs）。这些代码可以帮助识别潜在的问题。

②如果存在故障代码，记录它们并查找相应的故障信息。

（4）分析故障信息

①分析故障代码，确定可能的问题原因。这可能包括传感器故障、执行器问题、电路连接问题等。

②如果需要，查阅车辆维修手册或在线资源以获取更多信息。

（5）执行诊断测试

①对于某些故障代码，可能需要执行特定的诊断测试，如传感器性能测试、执行器动作测试等。

②根据诊断工具的指示进行测试，并记录结果。

（6）校准 ECU

①如果 ECU 需要校准，如调整离合器接合点或换挡逻辑，应使用诊断工具进行校准。

②校准过程可能涉及输入特定的参数或执行特定的操作。

（7）清除故障代码

①在问题解决后，使用诊断工具清除所有存储的故障代码。

②确保所有相关的系统都已恢复正常工作。

（8）测试与验证

①在完成 ECU 的诊断与校准后，进行试驾，验证变速器的性能是否恢复正常。

②注意观察换挡是否平滑，离合器接合是否准确，以及是否有任何异常噪声。

（9）记录与跟进

①记录诊断过程和结果，包括故障代码、测试结果和所做的调整。

②如果问题未完全解决，可能需要进一步的检查或联系专业维修人员。

在进行 ECU 的诊断与校准时，务必遵循车辆制造商的指导和建议。不正确的校准可能会导致性能问题或进一步的损坏。如果不熟悉这些过程，建议由专业的维修技师进行操作。

（二）齿轮与同步器维护

1.齿轮磨损与更换

变速器中的齿轮磨损是一个常见的问题，它会影响变速器的性能和寿命。造成磨损的原因很多，包括正常使用磨损、润滑不良、驾驶习惯不当、材料老化等。以下是变速器齿轮磨损的一些常见类型和更换指南：

（1）常见磨损类型

①齿面磨损：在正常工作条件下，齿轮齿面可能会出现均匀磨损。如果磨损超过一定程度（例如，齿长方向磨损超过原齿长的30%，齿厚减少超过0.4mm），则需要更换齿轮。

②齿端磨损：常啮合齿轮端面磨损可能导致轴向间隙过大，影响齿轮的正常运转。在某些情况下，可以通过磨削修复，但磨削量应控制在一定范围内。

③齿轮破碎：轮齿破碎可能是由于啮合间隙不当或受到过大冲击载荷造成的。轻微破碎可以用油石修磨后继续使用，但如果破碎严重或有多个破碎点，则需要更换。

④轴颈和座孔磨损：齿轮轴颈、滚针轴承及座孔的磨损可能导致配合间隙过大，影响齿轮的定位和传动精度。这种情况下，可能需要更换磨损的部件。

（2）更换指南

①检查磨损程度：使用百分表或软金属倾轧法测量齿轮磨损程度，确保磨损没有超过规定的使用限度。

②确定更换部件：根据磨损情况，确定需要更换的齿轮或部件。在某些情况下，可能需要成对更换齿轮以保持啮合精度。

③专业维修：变速器齿轮的更换通常需要专业的技术和工具，建议由经验丰富的维修人员进行操作。

④润滑和维护：更换齿轮后，确保使用正确的齿轮油，并定期检查和更换，以保持良好的润滑状态，减少磨损。

⑤驾驶习惯：改善驾驶习惯，避免频繁的急加速、急减速，以及在不适当的转速下换挡，这些都有助于减少齿轮磨损。

⑥定期检查：定期对变速器进行检查，包括油液状态、密封件完整性等，以预防潜在问题。

在处理变速器齿轮磨损和更换时，遵循车辆制造商的维护指南和建议至关重要，以确保变速器的性能和寿命。如果不确定如何进行，建议咨询专业的维修服务中心。

2.同步器的润滑与磨损检查

同步器是手动变速器中的关键部件，它能使驾驶员在不完全切断动力的情况下进行换挡，从而实现平稳的换挡过程。同步器的润滑和磨损检查对于确保变速器的正常运行和延长其使用寿命至关重要。以下是同步器润滑与磨损检查的一些基本步骤和注意事项：

（1）润滑

①润滑油的选择：使用制造商推荐的润滑油，确保润滑油的黏度和性能符合同步器的工作要求。

②润滑油的更换：定期更换变速器油，以保持同步器的良好润滑。更换时，应确保油液清洁，避免杂质进入同步器。

③油液循环：在更换润滑油时，应确保油液能够充分循环，以清洗同步器内部的旧油和杂质。

④油液检查：定期检查油液的颜色和黏度，如果发现油液变黑或有金属颗粒，可能是同步器磨损的迹象，需要进一步检查。

（2）磨损检查

①同步环检查：检查同步环是否有磨损、变形或裂纹。磨损的同步环可能导致换挡困难或不准确。

②滑块检查：滑块是同步器中的关键部件，其磨损会影响同步器的性能。检查滑块是否磨损或损坏，以及与同步器的配合是否紧密。

③同步器检查：同步器花键毂的磨损会影响同步器的同步效果。检查花键毂的齿隙，确保其在规定的范围内。

④磨损测量：使用专业的测量工具，如测厚仪，来测量同步环与齿轮之间的端隙。如果端隙超过规定的使用极限，可能需要更换同步器部件。

⑤磨损寿命预测：通过道路试验和台架试验，可以预测同步器的磨损寿命，从而提前进行维护或更换。

⑥磨损评估：如果同步器出现异常噪声、换挡困难或不顺畅，可能是磨损严重的迹象，需要进行详细检查。

在进行同步器的润滑与磨损检查时，应遵循车辆制造商的维护指南，并在必要时寻求专业技术人员的帮助。正确的润滑和定期检查可以显著提高同步器的使用寿命和变速器的整体性能。

3.齿轮油的定期更换与质量监控

变速器齿轮油（也称为变速箱油）是保证变速器正常工作的关键润滑剂，它不仅润滑齿轮和轴承，还有助于散热、清洁内部零件以防止腐蚀。定期更换和监控齿轮油的质量对于保持变速器的性能和延长其使用寿命至关重要。以下是变速器齿轮油的更换与质量监控的一些建议：

（1）更换周期

①定期检查：根据车辆制造商的建议，通常每 40000～60000 公里（或两年，以先到者为准）更换一次齿轮油。对于某些车型，可能需要频繁更换。

②首次更换：对于新车，首次更换齿轮油通常在行驶 3000～5000 公里时进行，以清除新变速器内部的金属碎屑。

③检查油质：在更换周期之内，应定期检查齿轮油的颜色和黏度。如果油液变黑、有异味或出现泡沫，这可能是油质下降的迹象，需要提前更换。

（2）更换步骤

①预热变速器：在更换齿轮油之前，应启动车辆并行驶一段时间，使齿轮油升温，以便更容易排出旧油。

②放油：找到变速器的放油螺塞，拧开放油孔，让旧油流出。注意收集旧油并进行环保处理。

③清洁：在放完旧油后，清洁放油孔和新油孔，确保没有杂质。

④加油：加入新齿轮油，注意选择合适的黏度等级。通常，车辆手册会提供推荐的齿轮油类型和黏度。

⑤检查油位：更换新油后，检查油位是否在规定的范围内。如果油位过低，应补充至正确油位。

（3）质量监控

①油液分析：定期进行油液分析，可以检测齿轮油中的金属颗粒、水分和其他污染物，这有助于提前发现潜在问题。

②性能监测：注意车辆在行驶过程中的换挡表现，如换挡是否顺畅，是否存在异常噪声，这些都可能是齿轮油质量下降的迹象。

③环境因素：考虑车辆的使用环境，如温度、湿度和道路条件，这些因素可能影响齿轮油的性能和更换周期。

④记录维护：记录每次更换齿轮油的时间和油品，以便跟踪维护历史和未来的更换

计划。

　　遵循这些步骤和建议，可以确保变速器齿轮油保持在最佳状态，从而提高变速器的效率和可靠性。如果不确定如何进行这些操作，建议咨询专业的维修技师。

（三）电子与电气系统维护

1.传感器与执行器的检查

　　传感器和执行器是现代汽车系统中不可或缺的组成部分，它们负责监测车辆状态并执行相应的控制动作。对这些部件进行检查和维护是确保车辆正常运行的关键。以下是传感器与执行器检查的一些基本步骤和注意事项：

　　（1）检查步骤

　　①征兆判断：观察车辆的异常表现，如性能下降、警告灯亮起等，这些可能是传感器或执行器故障的迹象。

　　②解码器检测：使用专业的诊断工具（如 OBD-II 扫描仪）读取故障码，这些代码可以帮助定位问题所在。分析故障码，了解是传感器还是执行器的问题，以及可能的故障原因。

　　③外部检查：首先，检查传感器和执行器的物理连接，确保没有松动、损坏或腐蚀。然后，检查电气连接，如线束和连接器，确保没有断裂或短路。

　　④功能测试：首先，对传感器进行功能测试，如使用万用表测量电阻、电压或电流，确保其输出信号在正常范围内。然后，对执行器进行测试，通过诊断工具发送指令，观察其响应是否正常。

　　⑤数据流分析：使用诊断工具监控传感器的数据流，分析其输出是否与预期相符。对于执行器，可以观察其接收到的控制信号是否正确。

　　⑥示波器检测：对于某些传感器，如氧传感器或曲轴位置传感器，使用示波器可以观察其输出信号的波形，以判断其工作状态。

　　⑦模拟法：在某些情况下，可以使用模拟测试仪模拟传感器信号，以检查执行器的反应。

　　⑧替代法：如果怀疑传感器故障，可以尝试更换新的传感器，如果问题能都得到解决，则确认原传感器故障。

　　（2）注意事项

　　①在进行任何电气测试之前，确保车辆处于安全状态，避免短路或电气火花。

②在拆卸或更换部件时，遵循制造商的指导指南，确保拆卸正确，安装连接没有问题。

③使用正确的工具和设备，避免对传感器和执行器造成损坏。

④在进行测试时，记录数据和观察结果，以便后续分析和参考。

⑤如果不熟悉这些过程，建议由专业技术人员进行操作。

定期对传感器和执行器进行检查和维护，可以及时发现并解决潜在问题，确保车辆的安全和性能。

2.线束与连接器的检查

线束与连接器是汽车电气系统中的重要组成部分，它们负责传输电力和信号，确保车辆各种电子设备的正常工作。检查线束与连接器的完整性对于预防电气故障和确保车辆可靠性至关重要。以下是检查线束与连接器完整性的步骤和注意事项：

（1）检查步骤

①目视检查：检查线束和连接器的外观，寻找任何可见的损伤，如裂缝、磨损、腐蚀或烧焦的痕迹。注意线束的固定夹是否牢固，以及线束是否有被压迫或扭曲的迹象。

②电气连接检查：使用万用表检查连接器的电气连接，确保没有断路或短路。对于多针连接器，确保每个针脚都有良好的接触。

③绝缘检查：检查线束的绝缘层是否完好，是否有破损或老化的迹象。对于裸露的导线，检查是否有腐蚀或氧化，这可能导致电阻增加。

④连接器接触检查：检查连接器内部的接触点，确保没有被氧化或污染，这可能会影响电气连接。如果接触不良，可以使用接触清洁剂或砂纸轻轻清洁接触点。

⑤线束布局：确保线束布局合理，避免过度弯曲或扭曲，这可能导致内部导线断裂。检查线束是否有足够的保护，如是否缠上护套或胶带，以防止物理损伤。

⑥功能测试：对于关键的电气系统，如发动机管理系统、安全气囊、ABS等，进行功能测试，确保线束和连接器能够正确传输信号。

（2）注意事项

①在检查过程中，确保车辆的点火开关处于关闭状态，避免电气短路或触电风险。

②使用适当的工具，如线束剥皮钳和压接钳，以避免损坏线束和连接器。

③如果发现线束或连接器有严重损伤，应及时更换，不要尝试自行修复。

④在更换线束或连接器时，确保使用与原部件相同规格的替换品。

⑤定期进行线束和连接器的检查，特别是在恶劣天气或长时间未使用后。

通过定期检查和维护，可以确保线束与连接器的完整性，从而降低电气故障的风险，提高车辆的可靠性和安全性。

3.故障代码的读取与清除

故障代码是汽车电子控制单元（ECU）在检测到系统异常时记录的错误信息。读取和清除故障代码对于诊断和修复汽车问题至关重要。以下是读取和清除故障代码的基本步骤和注意事项：

（1）读取故障代码

①准备工具：使用专业的 OBD-II 扫描仪或诊断工具。确保车辆的点火开关处于"ON"位置，但不要启动发动机。

②连接扫描仪：将扫描仪连接到车辆的 OBD-II 端口，这个端口通常位于驾驶员侧的仪表板下方。

③读取代码：按照扫描仪的指示操作，开始读取故障代码。扫描仪会显示存储在 ECU 中的故障代码，这些代码通常以"P"开头，后跟四位数字。

④记录代码：记录下所有读取到的故障代码，这些代码将帮助确定问题所在。

⑤分析代码：使用故障代码手册或在线资源来解读每个代码的含义，以了解可能的故障原因。

（2）清除故障代码

①修复问题：在清除故障代码之前，首先需要修复导致故障的问题。

②清除步骤：使用扫描仪的清除功能，按照指示操作来清除存储在 ECU 中的故障代码。

③验证清除：清除故障代码后，重新启动车辆，检查故障指示灯是否熄灭。如果故障指示灯未熄灭，可能还有其他未解决的问题。

（3）注意事项

①在读取和清除故障代码时，确保遵循车辆制造商的指导手册，因为不同车型可能有不同的操作步骤。

②在清除故障代码后，建议进行试驾，以确保问题已完全解决。

③如果故障代码无法清除，可能需要专业的维修服务，因为某些车型可能需要特定的程序或工具。

④在某些情况下，简单地断开电池负极可能无法清除故障代码，特别是对于那些具有"经验记忆"功能的 ECU。这种情况下，应按照制造商的推荐方法进行操作，以免造

成其他问题。

通过正确地读取和清除故障代码，可以有效地诊断和修复汽车问题，确保车辆安全和实现其最佳性能。

二、自动变速器（AT）的检修与维护

（一）液力变矩器检查

1.变矩器锁止离合器的磨损评估

变矩器锁止离合器（TCC）是自动变速器中的一个重要组件，它在某些工况下能够将发动机与变速器之间的液力连接转变为机械连接，从而提高燃油经济性和传动效率。磨损评估对于确保锁止离合器的正常工作和延长其使用寿命至关重要。以下是变矩器锁止离合器磨损评估的一些基本步骤和方法：

（1）症状分析：观察车辆在行驶过程中的表现，如加速性能下降、油耗增加、换挡不顺畅等，这些可能是锁止离合器受到磨损的迹象。

（2）故障诊断：应使用专业的诊断工具读取变速器的故障代码，检查是否有与锁止离合器相关的故障信息。通过道路试验，观察锁止离合器的工作状态，如锁止时机、锁止效果等。

（3）液压系统检查：检查锁止离合器控制阀的工作状态，确保其能够正确控制锁止离合器的接合与分离。检查液压油液位和质量，确保油液清洁且在正确的油位。

（4）磨损部件检查：对锁止离合器的摩擦片、活塞、弹簧等部件进行目视检查，检查是否有磨损、变形或损坏的迹象。使用专用工具测量摩擦片的厚度，并与制造商规定的最小厚度进行比较。

（5）性能测试：在专业的测试台上对锁止离合器进行性能测试，如滑差测试，以评估其工作效果。

（6）数据分析：分析测试数据，如锁止离合器的滑差率、锁止时间等，并与标准值进行比较，判断其性能是否在正常范围内。

（7）磨损评估：如果发现锁止离合器的磨损超出了正常范围，或者性能测试结果不理想，那么可能需要更换磨损的部件或整个锁止离合器。

（8）维修与更换：对于磨损严重的锁止离合器，应进行更换。在更换过程中，确保使用正确的部件，并按照制造商的指导进行安装。

（9）后续监控：更换或维修后，应定期监控锁止离合器的工作状态，确保其正常运行。在进行锁止离合器的磨损评估时，建议由经验丰富的技术人员操作，以确保评估的准确性和维修的质量。如果不熟悉这些过程，建议寻求专业的维修服务。

2.油液循环系统的清洁

自动变速器油液循环系统的清洁对于保持变速器的性能和延长其使用寿命至关重要。以下是一些基本的清洁方法和步骤。

（1）定期更换油液：根据车辆制造商的推荐，定期更换自动变速器油（ATF）。这个过程可以通过从变速器底部的放油螺塞放出旧油，并加入新油来完成。

（2）使用专用换油设备：使用专业的自动变速器换油机可以更有效地更换油液。这种设备通过新油顶出旧油，通常可以更换掉90%以上的旧油。

（3）清洁油底壳：在更换油液时，清洁油底壳和其他相关零件。有些油底壳设计有磁性螺塞，用于吸附铁屑，要确保在清洗时彻底清除这些杂质。

（4）更换油滤清器：每次更换油液时，应同时更换油滤清器，以确保油液的清洁。

（5）检查油液循环系统：检查油液循环系统中的油管、油泵、油冷却器等部件，确保没有堵塞或泄漏。如果发现问题，应及时修复或更换。

（6）使用添加剂：在某些情况下，可以使用专门的添加剂来帮助清洁油液循环系统。这些添加剂可以溶解油泥和胶质，帮助它们随着旧油排出。

（7）系统冲洗：对于被严重污染的系统，可能需要进行系统冲洗。可以使用专用的清洗剂，通过循环系统运行，以清除内部的污垢和沉积物。

（8）检查油液质量：定期检查油液的颜色和黏度。如果油液变黑、有烧焦味或出现泡沫，这可能是油液变质的迹象，需要更换。

（9）避免油液污染：在更换油液时，确保使用正确的自动变速器油类型，避免使用错误的油液，以免系统性能下降和部件损坏。

（10）遵循制造商指南：始终遵循车辆制造商的维护指南，因为不同的变速器可能有不同的清洁和更换油液的要求。

在进行油液循环系统的清洁时，建议由专业的维修人员操作，以确保清洁方式的正确性和操作的安全性。不正确的操作可能会导致变速器损坏。

3.油液质量与更换周期

自动变速器油（ATF）的质量对于变速器的性能和寿命至关重要。油液不仅需要润滑变速器内部的齿轮和部件，还要负责冷却和传递液压压力。随着时间的推移，自动变速器油会由于高温、磨损和污染而逐渐变质，因此定期更换是必要的。

（1）油液质量检查

①颜色和气味：正常的自动变速器油应该是红色或粉红色的透明液体，有轻微的气味。如果油液变黑或有烧焦味，这可能是磨损或过热的迹象。

②黏度：自动变速器油的黏度会随着使用时间的延长而降低，这会影响其润滑和冷却效果。可以通过油尺检查油液的黏度，或者使用专业的油液分析服务。

③杂质：油液中不应有金属颗粒、纤维或其他杂质。这些杂质可能是内部部件磨损的信号。

（2）更换周期

①制造商推荐：车辆制造商通常会在车主手册中提供自动变速器油更换的建议周期。这通常基于车辆的行驶里程，但也可能考虑驾驶条件和使用频率。

②一般建议：在正常驾驶条件下，自动变速器油的更换周期通常在40000～80000公里。在恶劣驾驶条件下，如频繁地短途驾驶或遇到极端温度，可能需要频繁地更换。

③定期检查：即使在推荐的更换周期内，也应定期检查自动变速器油的质量。如果发现油液变质或有异常，应提前更换。

（3）更换方法

①泄放式更换：这是最常见的更换方法，通过放油螺塞将旧油排出，然后加入新油。这种方法简单，但可能无法完全清除旧油。

②循环式更换：使用专业的换油设备，通过新油顶出旧油，这种方法可以更彻底地更换油液，但成本较高。

③拆卸油底壳：对于某些车型，可能需要拆卸油底壳来更换油液和滤清器。这种方法可以提供最高的换油率，但操作更为复杂。

在更换自动变速器油时，应确保使用正确的油液类型，因为不同的变速器可能需要不同类型的自动变速器油。错误的油液可能会导致变速器性能下降甚至损坏。如果不确定油液类型，应咨询专业技术人员或参考车辆制造商的指导。

（二）行星齿轮组与制动器维护

1.齿轮磨损与间隙调整

齿轮磨损和间隙调整是变速器维护中的重要部分，它们直接影响到变速器的性能和寿命。以下是关于齿轮磨损和间隙调整的一些基本信息：

（1）齿轮磨损

齿轮磨损通常是由于长时间使用、润滑不足、负载过大或材料老化等原因造成的。磨损会导致齿轮齿廓变形，齿面磨损，甚至齿轮断裂，从而影响齿轮的啮合精度和传动效率。

（2）磨损检查

①目视检查：检查齿轮表面是否有磨损痕迹、裂纹或断裂。

②测量磨损：使用卡尺或专用测量工具测量齿轮的磨损程度，如齿厚、齿顶圆直径等。

③功能测试：在变速器运行时观察齿轮的啮合情况，是否有异常噪声或震动。

（3）间隙调整

间隙调整通常指的是调整齿轮之间的啮合间隙，以确保齿轮能够正确啮合，减少磨损并提高传动效率。

（4）调整步骤

①确定调整范围：根据制造商的指导手册，确定齿轮间隙的推荐值。

②调整方法：这可能包括调整轴承位置、更换磨损的垫圈或弹簧等。

③使用专业工具：某些变速器可能需要专用工具来调整间隙，如调整螺母或调整垫片。

④测试调整效果：调整后，进行试驾或使用测试设备检查齿轮的啮合情况，确保间隙调整正确。

（5）注意事项

①在进行齿轮磨损检查和间隙调整时，应由经验丰富的技术人员操作，以避免进一步损坏变速器。

②使用正确的工具和方法，遵循制造商的指导手册。

③在调整间隙时，应确保所有部件都已清洁，润滑良好。

④定期维护和检查变速器，可以及时发现并解决潜在问题，延长变速器的使用寿命。

如果不确定如何进行这些操作，建议联系专业的维修服务。不正确的间隙调整可能会导致变速器性能下降，甚至损坏。

2.制动器的磨损与密封性检查

制动器的磨损与密封性检查是确保车辆制动系统正常工作的重要维护步骤。以下是对制动器磨损和密封性进行检查的基本方法：

（1）制动器磨损检查

①制动蹄片（衬片）磨损：使用卡尺测量制动蹄片的厚度。新蹄片的标准厚度通常在 5mm 左右，磨损极限通常设定在 2.5mm 或更薄，具体数值取决于车辆制造商的规定。检查蹄片的铆钉与摩擦片的接触深度，确保铆钉不会刮伤制动鼓内表面。

②制动鼓磨损：检查制动鼓内孔是否有烧损、刮痕或凹陷。如果损伤严重，可能需要更换新的制动鼓。使用卡尺检查制动鼓内孔的尺寸，确保其在规定的公差范围内。使用专用工具测量制动鼓内孔的圆度误差，确保其在允许的公差范围内。

③制动盘磨损：对于盘式制动器，检查制动盘的表面是否有裂纹、变形或过度磨损。磨损的制动盘可能导致制动效果下降。使用卡尺测量制动盘的最小厚度，确保其不低于制造商规定的最小值。

（2）密封性检查

①制动钳密封性：对于液压制动系统，可以通过直接检测法（如氮气检测法）或间接检测法（如差压检测法）来检查制动钳的密封性。直接检测法通常涉及将压缩空气充入制动钳，然后观察是否有气泡产生，或者使用压力传感器测量压力变化。间接检测法则是通过测量制动钳的压力值和流量值来判断密封性。

②制动鼓密封性：检查制动鼓的密封圈和密封垫，确保它们完好无损，没有老化或损坏。如果发现密封圈或垫片有损坏，应及时更换。

③制动液系统密封性：检查制动液储液罐、制动管路和接头是否有泄漏迹象。确保制动液的液位在规定范围内，如果液位过低，可能是泄漏的迹象。

在进行这些检查时，应遵循车辆制造商的维护指南，并在必要时寻求专业技术人员的帮助。定期检查和维护制动器磨损与密封性可以确保车辆的制动性能，提高行车安全。

3.润滑油的更换与系统压力测试

润滑油的更换和系统压力测试是汽车维护中的重要部分，特别是对于液压制动系统和动力转向系统等。以下是润滑油更换和系统压力测试的基本步骤：

（1）润滑油更换

①准备工作：确保车辆停在平坦的地面上，发动机冷却。然后，准备所需的工具，如扳手、漏油盘、新润滑油、滤清器（如果需要更换）。

②排放旧油：找到润滑油的放油螺塞或阀门，将其打开以排放旧油，接着使用漏油盘收集旧油。

③清洁油底壳：在排放旧油后，清洁油底壳内部，去除油泥和杂质。

④更换滤清器：如果需要更换滤清器，则根据制造商的推荐更换周期进行更换。在这个过程中应使用正确的工具拆卸旧滤清器，并安装新滤清器。

⑤添加新油：通过加油口缓慢倒入新润滑油，确保油液达到正确的油位，通常油底壳上有油位标线。

⑥检查系统泄漏：在添加新油后，检查所有连接点，确保没有泄漏。

⑦启动车辆并检查：启动发动机，让润滑油循环几分钟，确保系统正常工作。检查油液温度和压力，确保系统正常。

（2）系统压力测试

①连接压力测试设备：使用专业的液压压力测试仪，将其连接到系统的测试端口。

②进行压力测试：按照测试仪的说明，进行系统压力测试。并记录压力值，与制造商推荐的系统压力范围进行比较。

③分析测试结果：如果压力值在正常范围内，系统工作正常；如果压力异常，可能需要检查系统泄漏、泵的磨损或堵塞等问题。

④解决问题：如果发现问题，根据测试结果进行相应的维修或更换部件。

在进行润滑油更换和系统压力测试时，应遵循车辆制造商的维护指南，并确保使用正确的油品和工具。不正确的操作可能会导致系统损坏。如果不熟悉这些过程，建议由专业的维修人员进行操作。

（三）控制系统与电子部件

1.控制模块的软件更新

控制模块的软件更新，通常指的是对汽车电子控制单元（ECU）中的固件或软件进行升级，以修复已知问题、提高性能或增加新功能。这种更新过程通常被称为空中下载技术（OTA）升级。以下是软件更新的基本步骤和考虑因素：

（1）空中下载技术（OTA）升级的步骤

①准备阶段：确定需要更新的 ECU 和软件版本，生成更新包，包括新版本的软件、配置文件和必要的签名。对更新包进行加密和签名，确保数据的安全性和完整性。

②传输阶段：通过车辆的通信网络（如无线网络通信技术、蜂窝网络）将更新包传输到车辆。更新包可能由车辆制造商的服务器直接推送，或者由车辆在连接到网络时自动下载。

③安装阶段：车辆接收到更新包后，升级主控（可能是车辆的中央信息娱乐系统或专门的 OTA 控制器）负责管理更新过程。首先，对更新包进行解密、验证签名，确保其来源可靠。然后，在车辆停车且处于安全状态时，开始执行更新程序。

④执行阶段：更新程序会暂停车辆的某些功能，以防止在更新过程中发生冲突。另外，更新程序会逐步替换 ECU 中的旧软件，可能包括差分更新（仅更新变化部分）以节省时间和数据流量。

⑤验证阶段：更新完成后，系统会重启并验证新软件是否正确安装。如果更新成功，车辆将恢复正常操作；如果失败，系统可能会回退到旧版本或等待下一次更新尝试。

（2）注意事项

①OTA 更新需要车辆具备相应的硬件支持，如足够的存储空间和稳定的网络连接。

②更新过程中应避免车辆移动，以防止更新中断导致的问题。

③更新前应确保车辆电池电量充足，以防在更新过程中电量耗尽。

④在某些情况下，可能需要专业的诊断工具和技术人员来完成更新。

随着汽车智能化的发展，OTA 技术越米越普及，它不仅简化了软件更新过程，还为车辆提供了持续改进和新功能添加的可能性。然而，这也带来了新的挑战，如数据安全问题和隐私保护问题，以及如何确保更新过程的可靠性。

2.传感器与执行器的校准

变速器中的传感器与执行器的校准是一个精确和细致的过程，它确保了变速器能够根据车辆的运行状况精确地调整挡位。这个过程通常由专业的技术人员使用专门的诊断和校准工具来完成。以下是一个简化的校准流程：

（1）预校准准备

①确保变速器油位正确，油质良好。

②使用诊断工具读取故障代码，以确定是否存在任何可能导致校准失败的传感器或执行器故障。

（2）静态校准

①在车辆熄火状态下，使用诊断工具来设定传感器和执行器的基准位置。

②对节气门位置传感器、速度传感器、变速器油温传感器等进行校准。

（3）动态校准

①在车辆运行状态下，进行动态校准，这通常涉及道路测试。

②校准可能包括油压、离合器或带轮的调节，以及换挡点和换挡平顺性的调整。

（4）自适应学习

①许多现代变速器具备自适应功能，能够根据驾驶习惯和车辆状况调整换挡策略。

②进行自适应学习过程，让变速器适应实际驾驶条件。

（5）验证校准

①完成校准后，通过道路测试来验证变速器的工作是否正常。

②检查换挡时机、平顺性和效率是否符合制造商所要求的规格。

（6）最终检查

使用诊断工具再次检查系统，确认没有故障代码，并且所有传感器和执行器的工作参数都在正常范围内。

在校准过程中，要严格遵守制造商的校准程序和规格，确保变速器能够高效、平顺地工作。不当的校准可能会导致变速器性能下降，甚至可能损坏变速器。因此，这项工作通常需要专业的技术知识和适当的工具来完成。如果车主遇到变速器校准相关的问题，建议联系专业的维修服务。

3.自动变速器的故障诊断与排除

自动变速器的故障诊断与排除是一个系统的过程，涉及对变速器的多个组成部分进行检查和测试。以下是一些常见的自动变速器故障及其诊断与排除方法：

（1）汽车不能行驶的故障诊断与排除

①故障现象：无论变速杆位于哪个挡位，汽车都无法行驶。

②可能原因：变速器油底壳渗漏、油泵损坏、主油路严重泄漏等。

③诊断与排除：

a.检查变速器内液压油量，确认是否有漏油。

b.检查变速杆与手动阀摇臂之间的连杆或拉索是否松脱。

c.检查油泵进油滤网是否堵塞。

d.检查主油路油压，若油压过低，可能是油泵损坏或主油路泄漏。

（2）自动变速器打滑故障

①故障现象：起步时发动机转速升高，但车速提升缓慢；上坡时动力不足。

②可能原因：液压油液面过低、离合器或制动器磨损、油泵磨损等。

③诊断与排除：

a.调整液压油液面至正常范围。

b.检查离合器、制动器摩擦片磨损情况，必要时更换。

c.检查油泵磨损情况，必要时更换。

（3）换挡冲击过大

①故障现象：换挡时汽车产生较大的冲击震动力。

②可能原因：节气门拉索或节气门位置传感器调整不当、主油路调压电磁阀故障等。

③诊断与排除：

a.调整节气门拉索或节气门位置传感器。

b.检查主油路油压，必要时修理调压阀。

（4）自动变速器异响

①故障现象：行驶时变速器内有异常响声。

②可能原因：油泵磨损、液力变矩器损坏、行星齿轮机构故障等。

③诊断与排除：

a.确定异响部位，检查相关零部件。

b.若前部异响，检查油泵、液力变矩器等。

c.若后部异响，检查行星齿轮机构。

d.若换挡时异响，检查换挡执行元件。

（5）自动变速器漏油

①故障现象：变速器油液从盖、轴承盖或其他部位渗漏。

②可能原因：油液加注过多、壳体破裂、密封衬垫损坏等。

③诊断与排除：

a.检查各紧固螺钉是否松动，油量是否过多。

b.检查通气孔是否堵塞，加油螺塞、放油螺塞是否松动。

c.检查漏油处的纸垫、油封，必要时更换。

在进行故障诊断与排除时，应遵循车辆制造商的维护指南，并使用专业的诊断工具。如果不熟悉这些过程，建议由专业的维修人员进行操作。正确的诊断和维修可以避免变速器进一步的损坏，并确保变速器的正常工作。

三、无级变速器（CVT）的检修与维护

（一）无级变速器（CVT）的金属带与锥形齿轮检查

1.金属带的磨损与张力调整

金属带，也称为金属链，是无级变速器（CVT）中的关键部件，它能确保变速器在无限多的齿轮比之间平滑地调整，以优化发动机的运行效率。金属带的磨损和张力调整对于确保 CVT 的性能至关重要。

（1）金属带磨损检查

①外观检查：检查金属带是否有磨损、断裂或变形的迹象。磨损通常表现为金属带表面不平整或有磨损痕迹。

②功能测试：在专业测试台上进行金属带的测试，观察其在不同负载和速度下的运行情况。如果金属带在测试中出现异常噪声或震动，可能是磨损的迹象。

③磨损程度评估：使用专用工具测量金属带的厚度，与制造商规定的最小厚度进行比较。如果磨损超过允许的范围，金属带可能需要更换。

（2）金属带张力调整

①张力测量：使用张力计或专用的 CVT 测试设备测量金属带的张力。张力对于 CVT 的性能至关重要，过高或过低的张力都会导致问题。

②调整方法：如果金属带张力不适当，可能需要调整 CVT 的液压系统。这通常涉及调整液压泵的压力或更换液压阀。在某些 CVT 设计中，可能需要更换液压油，因为油液的黏度变化也会影响金属带的张力。

③专业操作：金属带张力的调整通常需要专业的技术和工具。不建议非专业人士自行进行调整，以免造成进一步的损坏。

（3）注意事项

①在进行金属带磨损检查和张力调整时，应遵循车辆制造商的指导手册和建议。

②如果金属带磨损严重，可能需要更换整个金属带组件，因为金属带的磨损可能会影响到 CVT 的其他部件，如锥形齿轮。

③定期检查和维护 CVT，包括更换液压油和清洁滤清器，可以延长金属带的使用寿命。

④如果在检查和调整过程中遇到困难，应寻求专业维修人员的帮助。

金属带的磨损和张力调整对于 CVT 的性能和寿命至关重要。正确的维护和调整可以确保变速器提供最佳的燃油经济性和驾驶体验。

2.锥形齿轮的磨损与润滑

锥形齿轮，也称为锥齿轮或伞齿轮，是无级变速器的关键部件，它们与金属带协同工作，以实现无级变速。锥形齿轮的磨损和润滑状况直接影响 CVT 的性能和寿命。以下是锥形齿轮磨损检查和润滑的一些基本步骤：

（1）锥形齿轮磨损检查

①外观检查：检查锥形齿轮的表面是否有磨损、划痕、裂纹或其他损伤。磨损通常表现为齿面光滑或有不规则的磨损痕迹。

②功能测试：在 CVT 测试台上进行功能测试，观察锥形齿轮在不同转速和负载下的运行情况。出现异常噪声或震动可能是磨损的迹象。

③磨损程度评估：使用专用测量工具（如卡尺或微米计）来测量锥形齿轮的齿厚，确保其磨损没有超过制造商规定的极限值。

（2）锥形齿轮润滑

①润滑系统检查：检查 CVT 的润滑系统，确保液压油循环正常，没有泄漏。液压油负责润滑锥形齿轮，同时也传递压力以驱动金属带。

②油液更换：根据制造商的推荐，定期更换 CVT 的液压油。不同类型的 CVT 可能需要特定的液压油，因此需要使用正确的油品。

③油液质量监控：定期检查液压油的颜色、黏度和清洁度。如果油液变黑、有异味或含有金属颗粒，可能是磨损的迹象，需要更换油液。

④油压监测：使用诊断工具监测 CVT 的油压。如果油压异常，可能是润滑系统存在问题，需要进一步检查。

（3）注意事项

①在进行锥形齿轮磨损检查和润滑时，应遵循车辆制造商的维护指南。

②如果锥形齿轮磨损严重，可能需要更换整个锥形齿轮组件。

③在更换液压油时，确保使用正确的油品，避免使用错误类型的油液，以免损害 CVT。

④如果不熟悉这些过程，建议由专业的维修人员进行操作，以确保正确和安全。

锥形齿轮的磨损和润滑状况对于 CVT 的性能至关重要。定期的检查和维护可以延长 CVT 的使用寿命，提高车辆的整体性能。

3.金属带油的更换与油液质量监控

金属带油（通常指的是 CVT 中的润滑油）的更换和对油液质量监控对于确保 CVT 的正常运行和延长其使用寿命至关重要。以下是关于金属带油更换和对油液质量监控的一些基本步骤和注意事项：

（1）金属带油更换

①确定更换周期：遵循车辆制造商推荐的更换周期，通常在车辆行驶一定里程后进行更换，通常是每 40000～60000 公里为一更换周期。

②准备工具和材料：准备专用的 CVT 油、漏油盘、扳手、滤清器（如果需要更换）等。

③排放旧油：找到 CVT 的放油螺塞，将其打开以排放旧油。确保使用漏油盘收集旧油，并进行环保处理。

④清洁油底壳：在排放旧油后，清洁油底壳内部，去除油泥和杂质。

⑤更换滤清器：如果 CVT 油滤清器需要更换，使用正确的工具拆卸旧滤清器并安装新滤清器。

⑥添加新油：通过加油口缓慢倒入新油，注意不要溢出。确保油液达到正确的油位。

⑦检查油液：更换新油后，检查油液的颜色和黏度，确保其符合制造商的规格。

⑧启动车辆并检查：启动发动机，让 CVT 运行几分钟，以确保油液循环正常并检查是否有泄漏。

（2）油液质量监控

①定期检查：定期检查油液的颜色、黏度和气味。正常的 CVT 油应该是红色或粉红色，无异味。

②油液分析：使用专业的油液分析服务，通过光谱分析、铁谱分析等方法，检测油液中的磨损颗粒、水分、添加剂残留等。

③监测磨损颗粒：使用磨损颗粒传感器或在线监测设备，实时监测油液中的磨损颗粒，及时发现潜在的磨损问题。

④记录和分析：记录油液检查的结果，分析磨损趋势，以便提前发现问题并采取相应措施。

⑤环境因素考虑：注意车辆的使用环境，如温度、湿度等，这些因素可能影响油液的性能和更换周期。

⑥专业维护：如果不熟悉更换和监控过程，建议由专业的维修人员进行操作。

通过定期更换金属带油和监控油液质量，可以确保 CVT 的性能，减少磨损，延长变速器的使用寿命。正确的维护和监控对于保持车辆的高效运行至关重要。

（二）无级变速器（CVT）的液压控制系统维护

1.液压泵与油压系统的检查

液压泵与油压系统的检查是确保液压系统正常运行的关键步骤。以下是液压泵与油压系统检查的基本步骤和注意事项：

（1）液压泵检查步骤

①外观检查：检查液压泵的外观，确认没有明显的损伤、裂纹或泄漏。

②旋转方向：确认液压泵的旋转方向与泵体上标注的方向一致。

③连接检查：检查液压泵与电机的连接是否牢固，联轴器是否对中。

④电气检查：检查液压泵的电气连接，确保没有短路、断路或接触不良。

⑤启动检查：在启动液压泵之前，确保系统内没有空气，油液充足且清洁。

⑥运行检查：启动液压泵，观察其运行是否平稳，是否有异常噪声或震动。

⑦压力检查：使用压力表检查液压泵的输出压力，确保其在规定的工作压力范围内。

⑧泄漏检查：在液压泵运行过程中，检查是否有油液泄漏，特别是泵的密封部位。

（2）油压系统检查步骤

①油位检查：确保油箱内的油液量在最低和最高油位标记之间。

②油液质量：检查油液的颜色、黏度和清洁度，必要时进行油液分析。

③管路检查：检查油管、接头和软管是否有损伤、老化或泄漏。

④过滤器检查：检查油滤器是否清洁，必要时更换滤芯。

⑤阀门检查：检查所有液压阀门是否正常工作，包括溢流阀、方向阀等。

⑥压力测试：使用油压表进行压力测试，记录压力变化，确保系统压力稳定。

⑦系统排气：在启动系统后，进行排气操作，确保系统中没有空气。

⑧故障诊断：如果发现压力不稳定或有泄漏，根据故障现象进行诊断，找出问题原因并进行修复。

（3）注意事项

①在进行液压泵和油压系统检查时，应遵循安全操作规程，避免在高压下操作。

②使用正确的工具和设备进行检查，确保测量的准确性。

③在检查过程中，如果发现问题，应及时记录并采取相应的维修措施。

④定期进行液压系统的维护和检查，以预防潜在的故障。

通过这些步骤，可以确保液压泵和油压系统的正常运行，提高设备的工作效率和可靠性。如果不熟悉这些操作，建议由专业的技术人员进行检查和维护。

2.液压油的更换与过滤

液压油的更换与过滤是液压系统维护的重要部分，这有助于保持系统的清洁和高效运行。以下是液压油更换与过滤的基本步骤和注意事项：

（1）液压油更换步骤

①系统清理：在更换液压油之前，彻底清理液压系统，包括油箱、油管、活塞和活塞杆等，确保没有残留物和杂质。

②油品检测：在换油前进行油品检测，了解液压油的品质。检查黏度、酸值、水分、颗粒大小和污染等级，以确定是否需要更换。

③液压油过滤：使用专用的液压油过滤设备，去除液压油中的杂质和颗粒，提高油液品质。过滤后的液压油能延长液压系统的使用寿命。

④油品更换：将旧的液压油从系统中排出，然后加入新的液压油。确保新油的型号与系统要求相符，并且新油有足够的清洁度，避免引入新的污染源。

⑤系统密封性测试：更换液压油后，进行密封性测试，确保系统密封良好，防止油液泄漏和污染。

（2）注意事项

①安全操作：在换油过程中，遵循安全操作规程，特别是在处理高温和高压系统时，佩戴适当的个人防护装备。

②环境保护：液压油中含有对环境有害的物质，换油时应采取措施注意保护环境，如使用防漏油容器收集废油，并合理处理废油和废弃物。

③设备维护：换油是维护和检查液压系统的好机会。检查油箱、油管、活塞等设备的磨损情况，及时修复潜在问题。

④滤芯更换：定期更换液压过滤器的滤芯，保持油液的清洁。在更换滤芯时，确保系统压力已经释放，避免损坏过滤器。

⑤油品选择：选择适合液压系统的液压油，考虑油的黏度、抗磨性、抗氧化性和抗泡沫性等特性。

⑥记录与跟踪：记录换油的时间和使用的油品，以便跟踪液压油的使用情况和系统性能。

通过以上这些步骤和注意事项，可以确保液压油的更换与过滤工作顺利进行，从而提高液压系统的可靠性和效率。如果不熟悉这些操作，建议由专业的技术人员进行。

3.油压传感器与控制阀的校准

油压传感器和控制阀的校准是确保液压系统精确控制和高效运行的重要步骤。以下是油压传感器和控制阀校准的基本方法和注意事项：

（1）油压传感器校准

①准备工作：确保油压传感器处于良好的工作状态，没有损坏或磨损。然后准备校准设备，如压力校准器、压力泵、压力计等。

②校准过程：首先，在使用压力校准器时，会产生一系列已知的压力值，这些值通常覆盖传感器的工作范围。然后，将油压传感器连接到压力校准器，确保连接正确无误。最后在不同的压力点上读取传感器的输出信号，并与预期值进行比较。

③数据记录与分析：记录每个压力点的传感器输出值和实际压力值。然后，分析数据，确定传感器的线性度、灵敏度、滞后和重复性等性能指标。

④调整与修正：如果发现传感器输出与实际压力有偏差，可能需要调整传感器的内部设置或利用软件进行校准。对于某些传感器，可能需要使用特定的校准软件或工具进行调整。

⑤验证校准结果：在校准完成后，再次进行压力测试，确保传感器输出与实际压力一致。

（2）控制阀校准

①检查与清洁：在校准前，检查控制阀的机械部件，确保没有磨损或堵塞。然后清洁阀体和阀芯，确保其能够自由移动。

②调整控制阀的开度：使用专用工具调整控制阀的开度，以改变液压系统的工作压力，确保调整过程中控制阀的响应与预期一致。

③测试与调试：在液压系统中进行测试，观察控制阀的调节效果。如果需要，进行微调以优化系统性能。

④记录与维护：记录校准过程中的所有数据，包括调整前的设置和调整后的设置。定期进行维护和校准，以保持控制阀的准确性。

（3）注意事项

①在进行校准时，应遵循制造商的指导手册和校准程序。

②使用正确的校准工具和设备，确保测量的准确性。

③在校准过程中，应避免对传感器和控制阀造成任何损坏。

④如果不熟悉校准过程，建议由专业的技术人员进行操作。

定期的校准和维护是液压系统管理的重要组成部分。通过正确的油压传感器和控制阀校准可以提高液压系统的响应速度和精度，以确保系统稳定运行。

（三）无级变速器（CVT）的电子控制与诊断

1.控制单元的软件升级

无级变速器（CVT）的控制单元软件升级是对其电子控制单元（ECU）进行更新的过程，以优化变速器的性能、提高燃油效率、增强驾驶体验或修复已知的软件缺陷。以下是无级变速器控制单元软件升级的基本步骤和注意事项：

（1）软件升级步骤

①获取升级文件：从车辆制造商或授权服务中心获取最新的软件升级文件。这些文件通常可以通过官方网站下载或由服务中心提供。

②备份当前设置：在进行软件升级之前，备份当前的 ECU 设置和配置。这样在升级过程中如果出现问题，可以恢复到之前的状态。

③准备升级工具：使用专业的诊断工具或软件，这些工具通常由制造商提供，用于与 TCU 通信并执行升级过程。

④执行升级：按照制造商提供的升级指南，使用诊断工具连接到车辆的 OBD-II 端口或专用接口，启动升级程序，选择正确的升级文件，并按照提示进行操作。

⑤监控升级过程：在升级过程中，需要监控进度和系统状态，以确保升级顺利进行。需要注意的是，升级过程中不应断开连接，以免造成损坏。

⑥验证升级结果：升级完成后，重启车辆并检查 ECU 是否正常工作。可以通过驾驶车辆来验证变速器的性能是否有所改善。

⑦记录升级信息：记录升级的详细信息，包括升级前后的软件版本、升级日期以及任何观察到的变化。

（2）注意事项

①在进行软件升级时，确保车辆的电池电量充足，以防在升级过程中电源中断。

②如果不熟悉升级过程，建议由专业的技术人员进行操作，以避免可能的错误。

③在升级前，确保了解升级可能带来的变化，以及是否会影响车辆的保修状态。

④升级后，如果遇到任何问题，应及时联系制造商或服务中心寻求帮助。

无级变速器的软件升级可以显著提升车辆的性能和驾驶体验，但应谨慎进行，需要遵循制造商的指导和建议。

2.故障代码的读取与分析

无级变速器（CVT）的故障代码读取与分析是诊断和解决 CVT 问题的关键步骤。以下是进行这一过程的基本步骤和方法：

（1）故障代码读取

①使用诊断工具：使用专业的 OBD-II 扫描仪或车辆制造商提供的专用诊断设备连接到车辆的 OBD-II 端口，确保车辆处于安全状态，点火开关打开，但不需要启动发动机。

②读取故障代码：按照诊断工具的指示，读取存储在变速器电子控制单元（ECU）中的故障代码。故障代码通常以"P"开头，后跟四位数字，代表特定的故障类型。

③记录故障代码：记录所有读取到的故障代码，这些代码将有助于确定问题所在。

（2）故障代码分析

①查阅故障代码手册：使用车辆制造商提供的故障代码手册或在线资源，查找每个故障代码的具体含义。故障代码可能指示传感器故障、执行器问题、电气连接问题等。

②分析故障现象：结合车辆的实际问题（如换挡困难、加速无力、警告灯亮起等），分析故障代码所指示的可能问题。

③进行系统检查：对于指示特定部件故障的代码，检查相应的传感器、执行器或电路，然后使用万用表检查电气连接，确保没有短路或断路。

④执行诊断测试：对于某些故障代码，可能需要执行特定的诊断测试，如传感器性能测试、执行器动作测试等。

⑤故障排除：根据故障代码的分析结果，进行必要的维修或更换损坏的部件。在更换部件后，清除故障代码并重新读取，确保问题已解决。

（3）注意事项

①在进行故障代码读取和分析时，由于不同的车型可能有不同的诊断步骤，需要遵循车辆制造商的指导手册。

②如果不熟悉这些过程，建议由专业技术人员进行操作，以避免进一步的损坏。

③在处理电气系统时，确保采取适当的安全措施，避免电气短路或触电风险。

通过正确的故障代码读取与分析，可以有效地诊断 CVT 的问题，确保车辆的安全和性能。

3.传感器与执行器的功能性测试

传感器与执行器的功能性测试是确保汽车电子系统正常工作的重要步骤。以下是进行传感器与执行器功能性测试的基本步骤：

（1）传感器功能性测试

①确定测试目标：确定需要测试的传感器类型，如氧传感器、节气门位置传感器、速度传感器等。

②准备测试工具：使用专业的诊断工具，如 OBD-II 扫描仪、万用表、示波器等。

③连接诊断工具：将诊断工具连接到车辆的 OBD-II 端口，并确保连接稳定。

④读取数据流：使用诊断工具读取传感器的实时数据流，观察其在正常工况下的表现。

⑤模拟测试：对于某些传感器，可以通过模拟不同的工作条件，如改变节气门位置、加速踏板位置等，来测试其响应。

⑥分析数据：分析传感器输出的数据，与正常值或制造商提供的标准值进行比较。

⑦物理检查：对传感器进行物理检查，确保其安装牢固、无损坏，连接线无断裂或腐蚀。

（2）执行器功能性测试

①确定测试目标：确定需要测试的执行器类型，如燃油喷射器、节气门执行器、转向助力泵等。

②准备测试工具：使用专业的诊断工具，如专用的执行器测试设备。

③执行器动作测试：发送指令给执行器，观察其是否能够正确响应并执行动作。

④检查响应时间：记录执行器从接收指令到开始动作的时间，确保其在规定的时间内响应。

⑤检查执行效果：对于燃油喷射器等，可以通过检查喷油量和喷射模式来评估其性能。

⑥物理检查：对执行器进行物理检查，确保其无磨损、堵塞或损坏现象。

（3）注意事项

①在进行测试时，应遵循车辆制造商的指导手册，确保使用正确的测试方法和工具。

②在测试过程中，应确保车辆处于安全状态，避免在测试过程中对车辆造成损害。

③如果不熟悉测试过程，建议由专业技术人员进行操作。

④在测试后，应记录测试结果，以便后续分析和维护。

通过这些步骤，可以有效地测试传感器与执行器的功能性，确保它们在各种工况下都能正常工作，从而提高汽车的整体性能和可靠性。在进行变速器的检修与维护时，应遵循车辆制造商的推荐维护计划和指南，确保使用正确的工具和油液，以避免对变速器造成损害。同时，定期的维护和检查可以延长变速器的使用寿命，提高车辆的整体性能。

第六章 底盘电子控制系统

第一节 底盘电子控制技术的发展

一、底盘电子控制技术的定义

（一）电子控制单元（ECU）的作用

电子控制单元（ECU）是现代汽车中的核心组件，它在汽车的各个系统中扮演着至关重要的角色。ECU 的主要作用包括：

1.数据处理：ECU 接收来自车辆各种传感器的数据，如速度传感器、压力传感器、温度传感器等，并对这些数据进行实时分析和处理。

2.决策制定：基于处理后的数据，ECU 会根据预设的控制策略和算法做出决策，以优化车辆的性能和响应速度。

3.执行控制命令：ECU 将决策转化为具体的控制命令，通过电子执行器（如电磁阀、继电器、电机等）来控制车辆的各个系统，如发动机管理系统、制动系统、悬挂系统等。

4.故障诊断：ECU 具备自我诊断功能，能够监测系统状态，检测潜在的故障，并在出现问题时通过仪表盘上的警告灯或故障码通知驾驶员。

5.通信协调：在多 ECU 系统中，各个 ECU 之间需要相互通信和协调，以确保车辆系统的协同工作。ECU 通过车辆的通信网络（如 CAN 总线）与其他 ECU 交换信息。

6.用户界面交互：ECU 还负责处理来自驾驶员的输入，如加速踏板、刹车踏板、转向等，并根据这些输入调整车辆的响应。

7.能量管理：在电动汽车和混合动力汽车中，ECU 负责管理电池充电、放电以及能量回收，确保能量的有效利用。

8.安全保障：ECU 在确保车辆安全方面起着关键作用，例如在防抱死制动系统（ABS）和电子稳定程序（ESP）中，ECU 能够针对紧急情况做出迅速响应，以帮助驾驶员保持对车辆的控制。

9.性能优化：ECU 可以根据驾驶条件和驾驶员习惯调整车辆性能，如在运动模式下提供更激进的油门响应，在经济模式下优化燃油消耗。

ECU 是现代汽车智能化、自动化的关键，它使得车辆能够更加智能地适应不同的驾驶环境和驾驶员需求，提高了驾驶的安全性、舒适性和经济性。随着汽车技术的发展，ECU 的功能也在不断优化，为未来汽车的智能化发展提供了强大的支持。

（二）底盘电子控制与传统机械控制的对比

底盘电子控制与传统机械控制在汽车底盘系统中有着显著的不同，主要体现在以下几个方面：

1.结构复杂性

（1）传统机械控制：依赖于复杂的机械、液压或气动连接，如拉杆、连杆、液压泵等，这些部件增加了系统的重量和体积，同时也增加了制造和维护的困难。

（2）电子控制： ECU 和传感器网络的使用，减少了机械连接，使得底盘结构更加简洁，降低了生产成本和维护需求。

2.响应速度与精度

（1）传统机械控制：响应速度受限于机械部件的运动速度，精度受到机械磨损和老化的影响。

（2）电子控制：电子信号传输速度快，响应时间短，控制精度高，能够实现更精确的车辆动态控制。

3.可调节性与适应性

（1）传统机械控制：调节性有限，通常需要通过物理调整或更换部件来改变性能。

（2）电子控制：通过软件编程可以实现多种驾驶模式的切换，适应不同的驾驶条件和驾驶员的需求，提供了更高的灵活性。

4.故障诊断与安全性

（1）传统机械控制：故障诊断依赖于物理检查，难以实时监控系统状态。

（2）电子控制：ECU 具备自我诊断功能，能够实时监控系统状态，并通过故障码读取详细的诊断信息，从而提高了车辆的安全性。

5.能效与环保

（1）传统机械控制：能效受到机械效率损失的影响，且难以实现能量回收。

（2）电子控制：在电动汽车中，线控技术（如线控制动和线控转向）可以提高能效，实现能量回收，有助于降低能耗和尾气排放。

6.集成与智能化

（1）传统机械控制：各个系统相对独立，集成度较低。

（2）电子控制：ECU 可以实现多个系统的集成控制，如线控底盘技术，使得车辆操控系统、制动系统及其他车载系统的运行可以通过电子控制，而非传统机械的方式得以实现，提高了系统的智能化水平。

7.未来发展潜力

（1）传统机械控制：发展潜力有限，难以适应未来自动驾驶和电动化的趋势。

（2）电子控制：为自动驾驶、电动化和智能化提供了坚实的技术基础，是未来汽车技术发展的关键。

总的来说，底盘电子控制技术相较于传统机械控制，提供了更高的性能、更好的安全性、更低的能耗以及更强的智能化和集成化能力，是现代汽车技术发展的重要方向。

二、底盘电子控制技术的历史发展

（一）早期的电子控制尝试

早期的底盘电子控制尝试可以追溯到 20 世纪 60 年代，当时汽车底盘系统主要采用机械式传动结构，底盘控制技术相对较为简单，主要依赖人工操控车辆来实现。随着电子技术的发展，特别是大规模集成电路和微型电子计算机技术的兴起，汽车底盘控制技术开始逐步引入电子化。

在 20 世纪 70 年代初，电子技术开始应用于汽车领域，底盘控制技术出现了初步的电子控制尝试。这些尝试包括：

1.传感器的应用：开始使用传感器来监测车辆的运动状态，如速度、加速度、转向角度等，为 ECU 提供数据。

2.电子控制单元（ECU）：ECU 开始被引入，用于处理传感器数据并控制车辆的某些系统，如制动系统。这标志着底盘控制开始从纯机械控制向电子控制转变。

3.防抱死制动系统（ABS）：ABS 是早期电子控制技术的一个重要应用，它通过电子控制单元调节制动压力，防止车轮在紧急制动时抱死，从而提高车辆的制动性能和操控稳定性。

4.电子稳定系统（ESP）：虽然 ESP 在 20 世纪 90 年代才成为主流，但其早期概念和尝试在 20 世纪 80 年代中期就已经出现，旨在通过独立控制各个车轮的制动来提高车辆在各种驾驶条件下的稳定性。

5.电控驱动防滑控制系统（ASR）：ASR 旨在防止汽车在加速过程中打滑，通过调节驱动车轮的牵引力来实现，这也体现了电子控制技术在提高车辆动态性能方面的应用。

6.悬挂系统：早期的电子控制尝试还包括对悬挂系统的电子化，如主动悬架和半主动悬架，这些系统能够根据行驶条件的不同自动调节悬架的刚度和阻尼，以提高舒适性和操控性。

这些早期尝试为后来底盘电子控制技术的快速发展奠定了基础，随着计算机处理能力的增强和传感器技术的改进，电子控制单元能够更精确地监测和控制车辆的动态，从而显著提高了汽车的性能、安全性和舒适性。随着时间的推移，底盘电子控制技术不断进化，逐渐发展成为现代汽车不可或缺的一部分。

（二）现代电子控制技术的兴起

现代底盘电子控制技术的兴起主要得益于 20 世纪 80 年代中期以后计算机技术的快速发展，这一时期标志着汽车电子化程度的显著提升。以下是现代底盘电子控制技术兴起的几个关键点：

1.电子控制单元（ECU）的进化：随着微处理器技术的进步，ECU 的处理能力得到了极大的提升，能够更快地处理来自传感器的大量数据，并实现更复杂的控制算法。

2.传感器技术的革新：高精度传感器的出现，如陀螺仪、加速度计、转向角传感器等，为 ECU 提供了更丰富、更精确的车辆动态信息，使得底盘控制更加精准和高效。

3.防抱死制动系统（ABS）的普及：ABS 成为许多汽车的标准配置，它通过电子控制防止车轮在紧急制动时抱死，显著提高了车辆的安全性。

4.电子稳定程序（ESP）的引入：ESP 系统通过监测车辆的行驶状态，自动调整车轮的制动力和发动机输出，使驾驶员在各种路况下都能保持车辆稳定，特别是在湿滑路面或紧急避让时。

5.牵引力控制系统（TCS）：TCS 通过控制发动机输出和制动系统，防止车轮在加速时打滑，提高了车辆的牵引力和操控性。

6.主动悬挂系统：主动悬挂系统能够根据路面状况和驾驶模式自动调整悬挂的刚度和阻尼，为驾驶员提供更舒适的乘坐体验和更好的操控性。

7.四轮转向系统：四轮转向系统通过控制后轮的转向角度，提高了车辆在高速行驶和低速操控时的稳定性和灵活性。

8.电子助力转向：EPS 系统取代了传统的液压助力转向，通过电子控制提供更精确的转向助力，同时提高了能效。

9.集成化和网络化：随着汽车电子系统的集成化，底盘电子控制系统开始与其他系统（如动力总成、车身电子等）通过车辆通信网络（如 CAN 总线）进行数据交换和协同工作，提高了整车的性能和智能化水平。

10.智能化和自动驾驶：现代底盘电子控制技术与自动驾驶技术相结合，实现了车辆的自动泊车、自适应巡航控制（ACC）、车道保持辅助（LKA）等功能，为未来实现完全自动驾驶汽车的发展奠定了基础。

现代底盘电子控制技术的兴起不仅提高了汽车的性能和安全性，也为汽车的智能化、网络化和电动化发展提供了强大的技术支持。随着汽车技术的不断进步，未来的底盘电子控制将更加智能化、自动化，为驾驶员提供更加舒适、安全和便捷的驾驶体验。

（三）关键技术突破与里程碑

底盘关键技术的突破与里程碑标志着汽车行业在智能化、电动化和集成化方面的重要进展。以下是一些关键的技术突破和里程碑事件：

1.线控制动系统：线控制动系统是汽车智能化和电动化的关键技术之一，它通过电子信号控制车辆的制动，取代了传统的液压或气压制动系统。上海拿森汽车电子有限公司（简称"拿森科技"）在这一领域实现了从 0 到 1 的本土突破，构建了自主可控的底盘技术体系与产品布局。2023 年，拿森科技实现了线控制动产品大规模批量交付，这是中国在这一领域的重要突破。

2.线控转向系统：线控转向系统是另一个关键技术，它确保了车辆通过电子信号控制转向，而不是传统的机械连接。这一技术的发展对于实现自动驾驶至关重要。上海同驭汽车科技有限公司在 2023 年实现了线控转向产品的大规模批量交付，标志着中国在这一领域的技术进步。

3.自适应悬挂系统：自适应悬挂系统能够根据路面状况和驾驶模式自动调整悬挂的

刚度和阻尼，以提供更好的舒适性和操控性。上海淅减汽车悬架有限公司在这一领域实现了国产替代进口，其自适应阻力减震系统已接到多家汽车制造商的订单。

4.空气悬挂系统：空气悬挂系统能够提供更强的乘坐舒适性，上海淅减汽车悬架有限公司研发的空气悬挂系统预计在 2024 年实现量产，这将进一步提升中国在高端底盘技术领域的竞争力。

5.智能底盘技术路线图：中国汽车工程学会发布了智能底盘技术路线图框架，明确了智能底盘的总体目标、技术路径和关键技术指标，为行业提供了发展方向和行动计划。

6.电动助力转向器：天津德科智控股份有限公司在电动助力转向器领域实现了核心零部件的自研自制，突破了技术壁垒，为国产汽车在这一关键零部件上实现自主可控提供了技术支持。

这些技术的突破不仅提升了中国汽车产业的自主创新能力，也为全球汽车行业的发展贡献了中国智慧和中国方案。随着汽车技术的不断进步和产业链的逐渐完善，中国将在智能底盘领域实现更多突破，与国际品牌同台竞技。

第二节 电子稳定程序与防抱死制动系统

一、电子稳定程序与防抱死制动系统的基本概念

（一）电子稳定程序的定义及其重要性

电子稳定程序（ESP）是一种先进的汽车安全系统，其主要目的是在各种驾驶条件下提高车辆的稳定性和操控性，从而降低发生事故的风险。ESP 系统通过实时监测车辆的动态行为，并在必要时自动进行干预，以帮助驾驶员保持对车辆的控制。

在现代汽车安全中，ESP 系统的作用体现在以下几个方面：

1.防止过度转向或不足转向：当车辆在高速行驶或紧急避让时，驾驶员可能会过度转向或不足转向，导致车辆失控。ESP 系统能够检测到这些情况，并自动调整车轮的制动力，帮助车辆恢复到预期的行驶路线上。

2.提高湿滑路面的安全性：在湿滑或结冰的路面上，车轮容易打滑。ESP 系统通过

控制各个车轮的制动力，可以减少滑移，提高车辆的操控性。

3.增强车辆在紧急情况下的稳定性：在紧急制动或急转弯时，车辆可能会发生侧滑。ESP 系统能够迅速响应，通过调整制动力和发动机输出，帮助驾驶员稳定车辆，避免失控或侧翻。

4.提升驾驶舒适性：ESP 系统不仅能在紧急情况下发挥作用，在日常驾驶中也能提供辅助，如在高速行驶时轻微调整车辆姿态，使驾驶更加平稳。

5.降低事故率：多项研究表明，装备有 ESP 系统的车辆，能显著降低发生严重事故的风险，这不仅能保护驾驶员和乘客的安全，也能降低交通事故对社会和经济的影响。

总的来说，ESP 系统是现代汽车安全技术的重要组成部分，它通过智能化的控制策略，显著提升了车辆在各种驾驶条件下的安全性能，是提高道路安全的关键技术之一。随着汽车技术的进步，ESP 系统的功能和性能也在不断提升，为驾驶员提供了更加全面的安全保障。

（二）防抱死制动系统的定义及其工作原理

防抱死制动系统（ABS）的主要目的是在紧急制动时防止车轮完全抱死，从而保持车辆的操控性和稳定性。ABS 通过以下方式实现这一目标：

1.实时监测：ABS 系统通过安装在每个车轮上的传感器实时监测车轮的旋转速度。这些传感器能够检测到车轮是否即将或已经发生抱死。

2.快速响应：一旦检测到车轮即将抱死，ABS 的电子控制单元（ECU）会迅速发出指令，通过液压控制单元（HCU）对制动系统进行干预。

3.制动力调节：ABS 系统通过调节制动压力，实现对车轮制动力的微调。它能够在极短的时间内（通常在几毫秒内）多次增加或减少对车轮的制动力，这种快速的制动力变化被称为"脉冲"。

4.保持车轮转动：通过这种脉冲式的制动力调节，ABS 确保车轮在制动过程中保持微量转动，而不是完全停止。这样，驾驶员在紧急制动时仍能保持对车辆方向的控制，避免因车轮抱死而无法操控车辆。

5.提高制动效率：在车轮未抱死的情况下，车辆能够更有效地利用地面的摩擦力，从而实现更短的制动距离。ABS 系统通过优化制动力的分配，确保在各种路面条件下都能实现最佳的制动效果。

6.增强操控性：在紧急制动的同时，驾驶员可以继续操控方向盘，做出避让动作，这在没有 ABS 的情况下是难以做到的，因为车轮抱死会导致车辆失去操控性。

通过这些机制，ABS 系统显著提高了车辆在紧急制动时的安全性，尤其是在湿滑或不平路面上，它能够显著降低由于车轮抱死导致的事故风险。随着汽车技术的发展，现代 ABS 系统已经与 ESP 等其他安全系统相结合，形成了更为全面的车辆动态控制系统。

二、电子稳定程序与防抱死制动系统的技术原理

（一）电子稳定程序的技术构成

电子稳定程序（ESP）系统是一个复杂的电子控制系统，它通过监测车辆的动态行为并在必要时自动进行干预，以提高车辆的稳定性和安全性。ESP 系统主要由以下几个关键部分组成：

1.传感器

（1）转向盘转角传感器：监测驾驶员转动方向盘的角度，帮助系统判断车辆的预期行驶方向。

（2）车轮转速传感器：安装在每个车轮上，用于监测车轮的旋转速度，检测是否存在打滑或抱死现象。

（3）横向加速度传感器：测量车辆在横向方向上的加速度，帮助系统判断车辆是否在转弯时出现侧滑。

（4）横摆角速度传感器：监测车辆绕垂直轴的旋转速度，即车辆的横摆运动，用于判断车辆是否在转弯时失去控制。

（5）侧向加速度传感器：检测车辆在侧向方向上的加速度，进一步分析车辆的侧向稳定性。

（6）纵向加速度传感器：测量车辆在纵向方向上的加速度，有助于系统了解车辆的整体动态。

2.电子控制单元（ECU）

ESP 系统负责接收来自传感器的数据，通过这些数据来分析车辆的行驶状态，如转向不足、过度转向等情况。根据分析结果，ECU 会计算出需要采取的控制措施，如调整制动力分配、发动机输出等，以纠正车辆的行驶路线。

ECU 还负责与车辆的其他电子系统（如 ABS、TCS 等）进行通信，实现系统的集

成控制。

3.执行器

（1）液压调节器：根据 ECU 的指令，调整各个车轮的制动力，实现对车辆动态的精细控制。

（2）发动机管理系统：在需要时，ECU 会通过发动机管理系统调整发动机的输出功率，以确保车辆保持稳定。

（3）执行机构：包括制动器和发动机控制单元，它们负责实际执行 ECU 的指令，如对特定车轮施加制动力或调整发动机输出。

ESP 系统通过这些组件的协同工作，能够在车辆接近失控时迅速做出反应，再通过精确控制车轮的制动力和发动机输出，使驾驶员控制车辆保持在预期的行驶路线上，从而显著提高行车安全。随着汽车技术的发展，ESP 系统已经成为许多现代汽车的标准配置，尤其是在高性能和安全要求较高的车型中。

（二）防抱死制动系统的技术细节

防抱死制动系统（ABS）的核心组成部分包括液压控制单元（HCU）和电子控制单元（ECU），它们共同确保在紧急制动时车轮不会完全抱死，从而保持车辆的操控性和稳定性。

1.液压控制单元（HCU）

（1）功能：液压控制单元是 ABS 系统中负责实际执行制动力控制的部分。它根据 ECU 的指令，通过调节制动液的压力来控制每个车轮的制动力。

（2）结构：HCU 通常包括一个或多个电磁阀，这些电磁阀可以快速开启或关闭，以调节制动液流向车轮制动器的流量。这种快速的开关动作能够在极短的时间内（通常在几毫秒内）实现对制动力的微调。

（3）操作：在检测到车轮即将抱死时，HCU 会减少对该车轮的制动力，能使车轮恢复部分转动，然后再重新施加制动力。这种脉冲式的制动力调节有助于保持车轮与路面的摩擦，提高制动效率。

2.电子控制单元（ECU）

（1）功能：ECU 负责接收来自车轮转速传感器的数据，通过这些数据来分析车辆的制动状态，并发出控制指令给 HCU。

（2）数据处理：ECU 通过算法计算出每个车轮的理想制动力，以防止抱死并优化制动效果。它还会考虑车辆的动态特性，如车速、转向角度、横向加速度等，以实现更精细的控制。

（3）通信：ECU 不仅控制 HCU，还可能与车辆的其他电子系统，如发动机控制单元，进行通信，以实现更全面的车辆动态管理。

ABS 系统的液压控制单元和电子控制单元共同工作，确保在紧急制动时，驾驶员能够保持对车辆行驶方向的控制，同时缩短制动距离，提高行车安全。这种系统在湿滑路面、紧急避让等情况下尤为重要，能够有效减少由于车轮抱死导致的事故风险。随着汽车技术的进步，现代 ABS 系统已经发展得更加智能化，其与 ESP 等其他安全系统相结合，为驾驶员提供更全面的保护。

三、电子稳定程序与防抱死制动系统的协同工作

（一）系统集成的优势

电子稳定程序（ESP）和防抱死制动系统（ABS）是现代汽车中两个关键的安全技术，它们通过各自的方式提高车辆的操控性和安全性，并且在许多情况下，它们会协同工作为驾驶员提供最佳的驾驶体验和保护。

1.防抱死制动系统（ABS）的作用

（1）防止抱死：ABS 通过监测车轮的转速，确保在紧急制动时车轮不会完全抱死，从而保持车轮的滚动，提高制动效率。

（2）保持操控性：由于车轮保持滚动，驾驶员可以在紧急制动的同时进行转向操作，避免车辆失控。

2.电子稳定程序（ESP）的作用

（1）动态稳定性控制：ESP 通过监测车辆的横向加速度、转向角度、车轮速度等参数，判断车辆是否处于稳定状态。在车辆出现转向不足或过度转向时，ESP 会自动调整车轮的制动力，帮助车辆恢复稳定。

（2）预防侧滑：在车辆可能发生侧滑的情况下，ESP 可以独立或同时对多个车轮进行制动力调整，以及调整发动机输出，以纠正车辆的行驶轨迹。

3.电子稳定程序和防抱死制动系统的协同工作

（1）数据共享：ESP 和 ABS 通常共享相同的传感器数据，如车轮转速传感器和转

向盘转角传感器。这使得两个系统能够更准确地了解车辆的实时状态。

（2）集成控制：在某些情况下，ESP 会利用 ABS 的液压控制单元来执行其控制策略，例如，通过调整特定车轮的制动力来使车辆保持稳定。

（3）增强安全性：在紧急避让或高速行驶时，ABS 确保车辆在制动时不会失控，而 ESP 则在车辆接近失控边缘时介入，通过更精细的控制帮助驾驶员保持车辆在正确的行驶路线上。

通过这种协同工作，ESP 和 ABS 共同提高了车辆在各种驾驶条件下的安全性。它们不仅减少了由于制动不当或转向失控导致的事故风险，还提高了驾驶员处理紧急情况的信心和车辆的整体可操控性。随着汽车技术的发展，这些系统不断进化，为驾驶员提供了更加智能化和自动化的安全保障。

（二）系统间的通信与数据共享

电子稳定程序（ESP）和防抱死制动系统（ABS）通过车辆通信网络（如 CAN 总线）进行数据交换，以实现高效的信息传递和协同工作。CAN 总线是一种多主控制器网络，被广泛应用于现代汽车中，用于连接车辆的各种电子控制单元（ECU）。

以下是 ESP 和 ABS 通过 CAN 总线进行数据交换的一般过程：

1.数据采集：ABS 通过车轮转速传感器监测每个车轮的转速，并将这些数据发送到 ABS 的电子控制单元（ECU）。ESP 通过转向盘转角传感器、横向加速度传感器、横摆角速度传感器等监测车辆的行驶状态，并将数据发送到 ESP 的 ECU。

2.数据传输：ABS 和 ESP 的 ECU 将收集到的数据打包成 CAN 报文，这些报文包含标识符（ID）、数据字段以及必要的控制信息。报文通过 CAN 总线的两条线（CAN_H 和 CAN_L）进行传输，利用电压差来表示不同的电平状态（显性或隐性）。

3.数据接收与处理：当 CAN 总线上的报文被发送时，所有连接到总线的 ECU 都会接收到这些报文。每个 ECU 都有一个唯一的地址，用于识别和处理与其相关的报文。ABS 和 ESP 的 ECU 根据报文的标识符来确定是否需要处理这些数据。如果报文与 ECU 相关，它将解析报文内容并执行相应的控制策略。

4.协同工作：在需要时，ESP 和 ABS 的 ECU 可以通过 CAN 总线发送控制指令给彼此，例如，ESP 可能需要 ABS 调整某个车轮的制动力来帮助车辆保持稳定。同样，ABS 在检测到车轮即将抱死时，可能会请求 ESP 系统提供额外的信息，如车辆的横摆角速度，以便更精确地控制制动力。

5.错误处理与冗余：CAN 总线具有错误检测和纠正机制，如循环冗余校验（CRC）和自动重传请求（ARQ），以确保数据的完整性和可靠性。如果发生通信错误，ECU 会尝试重新发送报文，或者在必要时采取备用策略。

通过 CAN 总线，ESP 和 ABS 能够实现实时、高效的数据交换，这对于提高车辆的操控性和安全性至关重要。这种通信方式使得车辆的各个系统能够紧密协作，共同应对各种驾驶条件和紧急情况。随着车辆电子化程度的提高，CAN 总线在汽车通信网络中的作用将变得更加重要。

第三节 电磁悬挂系统

一、电磁悬挂系统概述

（一）电磁悬挂系统的定义与工作原理

电磁悬挂系统，也称为磁流变悬挂系统，是一种先进的车辆悬挂技术，它利用电磁场的特性来控制悬挂系统的刚度和阻尼，从而实现对车辆行驶性能的实时调整。这种系统的主要目的是在为驾驶员和乘客提供乘坐舒适性的同时，确保车辆在各种路况下的操控稳定性。

1.电磁悬挂系统的基本定义

电磁悬挂系统是一种主动悬挂系统，它通过改变电磁场的强度来调节悬挂的阻尼特性。这种系统通常包含一个或多个电磁执行器，这些执行器内含有磁流变流体（MRF），它是一种特殊的液体，其黏度可以根据电磁场的强度而变化。

2.电磁悬挂系统的技术原理

（1）磁流变流体（MRF）：MRF 由微小的铁磁颗粒悬浮在载体液体中组成。在没有磁场作用时，这些颗粒随机分布，液体呈现出低黏度状态。当施加磁场时，铁磁颗粒会沿着磁力线排列，形成链状结构，从而显著增加液体的黏度，即增加阻尼。

（2）电磁执行器：电磁执行器是电磁悬挂系统的核心部件，它包含一个或多个电磁线圈，这些线圈在通电时产生磁场。线圈周围的 MRF 会根据磁场的强度改变其黏度，从而改变悬挂的阻尼特性。

（3）实时控制：车辆的传感器监测路面状况、车速、加速度等参数，并将这些数据传输给 ECU。ECU 根据预设的控制策略和实时数据，计算出所需的悬挂阻尼，并调整电磁执行器中的电流，从而改变 MRF 的黏度，实现悬挂阻尼的实时调节。

（4）应用场景：电磁悬挂系统能够在毫秒级时间内响应路面变化，无论是在高速公路上的高速行驶，还是在城市道路上的低速行驶，都能提供最佳的悬挂性能。这使得车辆在增强乘坐舒适性的同时，还能保持良好的操控性和稳定性。

电控悬挂系统因其出色的性能和快速响应能力，被广泛应用于高性能汽车、豪华轿车以及一些运动型车辆中。随着汽车技术的进步和成本的降低，这种系统有望在未来得到更广泛的应用。

（二）电磁悬挂系统的技术优势

电磁悬挂系统相较于传统的机械悬挂系统，具有以下几个显著优势：

1.响应速度：由于电磁场的快速变化特性，电磁悬挂系统能够在毫秒级时间内调整悬挂阻尼，这意味着车辆可以实时响应路面状况的变化，如凹凸不平或突然出现的弯道。

2.调节范围：电磁悬挂系统能够提供广泛的阻尼调节范围，从非常柔软到非常坚硬，这使得车辆能够在不同的驾驶模式（如舒适模式、运动模式）之间无缝切换，以满足不同驾驶者的需求。

3.精确度：电磁悬挂系统的电子控制单元（ECU）能够根据实时数据精确计算所需的阻尼值，并通过电磁执行器精确实现这一调整，确保车辆在各种路况下都能保持最佳的行驶性能。

4.自适应能力：系统能够根据车辆的实时动态和路面状况自动调整，提供自适应的悬挂性能，这在传统机械悬挂系统中是无法实现的。

5.维护与寿命：由于没有可磨损的机械部件，电磁悬挂系统的维护需求较低，且寿命可能更长。

6.环境适应性：系统不受环境温度的影响，能够在极端温度下保持性能稳定。

总的来说，电磁悬挂系统通过其快速响应、广泛调节范围、高精度控制以及自适应能力，提供了超越传统机械悬挂系统的驾驶体验。这些优势使得电磁悬架成为高性能汽车和追求极致驾驶感受的消费者的理想选择。

二、电磁悬挂系统的关键组件与技术细节

（一）电磁执行器

电磁执行器是电磁悬挂系统中的关键组件，它负责根据 ECU 的指令，实时调整悬挂的阻尼特性。以下是电磁执行器的结构、功能及其在悬挂系统中的作用的详细描述：

1.电磁执行器的结构

（1）电磁线圈：电磁执行器的核心部分是一组或多组电磁线圈，这些线圈通电之后能够产生强大的磁场。线圈通常由导电材料（如铜线）绕制而成，并且被包裹在绝缘材料中，以防电流泄漏。

（2）磁流变流体（MRF）：线圈周围充满了磁流变流体，这是一种含有微小铁磁颗粒的液体。在没有磁场作用时，这些颗粒随机分布，液体呈现出低黏度状态。当线圈通电产生磁场时，颗粒会沿着磁力线排列，增强液体的黏度。

（3）阀门或阻尼器：电磁执行器通常包含一个或多个阀门，这些阀门控制磁流变流体流向悬挂系统的阻尼器。阀门的开启程度由 ECU 根据车辆的实时动态和路面状况来控制。

2.电磁执行器的功能

（1）阻尼调节：电磁执行器的主要功能是根据 ECU 的指令，通过改变线圈中的电流强度来调节磁场的强度，从而改变磁流变流体的黏度。这直接影响了悬挂系统的阻尼特性，实现了对车辆行驶过程中的动态响应。

（2）快速响应：电磁执行器能够在短时间内（通常在几毫秒内）完成对阻尼的调整，这使得电磁悬挂系统能够迅速适应路面变化和驾驶员的操作要求，从而为驾驶员提供更稳定的行驶体验。

3.在悬挂系统中的作用

（1）改善操控性：通过电磁执行器对阻尼的实时调整，有助于提高车辆在高速行驶或曲线行驶时的操控性，减少车身侧倾和滚动。

（2）提升舒适性：在颠簸路面上，电磁执行器可以迅速减少阻尼，并能吸收来自路面的冲击力，从而提供更舒适的乘坐体验。

（3）自适应调节：电磁执行器确保悬挂系统根据驾驶模式（如舒适、运动或经济模式）自动调整，以满足不同驾驶员的需求。

（3）提高安全性：在车辆紧急制动或避让时，电磁执行器可以增加阻尼，以使车辆保持稳定，减少发生失控的风险。

电磁执行器是电磁悬挂系统中实现精确控制和快速响应的关键，它使得整个系统无论是在操控性和舒适性方面，还是在安全性方面，都能够提供卓越的性能。

（二）控制单元与传感器

在电磁悬挂系统中，控制单元（通常是一个电子控制单元，即 ECU）扮演着核心角色，它负责接收来自各种传感器的数据，然后处理这些信息，并发出相应的控制指令以调整电磁执行器的行为。以下是这一过程的详细阐述：

1.传感器的作用

（1）路面状况传感器：监测路面的平整度和粗糙度，为 ECU 提供路面反馈信息。

（2）加速度传感器：测量车辆在垂直方向上的加速度，帮助 ECU 了解车辆的行驶状态。

（3）横向加速度传感器：监测车辆在横向方向上的加速度，这对于评估车辆在转弯时的稳定性至关重要。

（4）转向角传感器：提供转向盘的转动信息，帮助 ECU 理解驾驶员的意图。

（5）车速传感器：监测车辆的速度，这对于调整悬挂系统以适应不同速度下的驾驶条件非常重要。

2.控制单元（ECU）的工作流程

（1）数据采集：ECU 通过 CAN 总线或其他通信协议接收来自各个传感器的数据。这些数据通常以数字信号的形式传输，ECU 能够实时处理这些信号。

（2）数据处理与分析：ECU 内部的微处理器对收集到的数据进行分析，结合预设的控制算法和驾驶模式，计算出最佳的悬挂阻尼设置。这包括对阻尼的实时调整，以应对路面变化、驾驶行为或车辆动态。

（3）发出控制指令：基于分析结果，ECU 生成控制指令，这些指令会指定电磁执行器中的电磁线圈应产生多大的磁场强度。这些指令通过数字信号的形式发送给电磁执行器。

（4）执行器响应：电磁执行器接收到 ECU 的指令后，调整线圈中的电流，从而改变磁流变流体的黏度，实现对悬挂阻尼的精确控制。

（5）反馈循环：ECU 会持续监测传感器数据，确保悬挂系统的表现符合预期。如果需要，ECU 会再次调整控制指令，形成一个闭环控制系统，确保车辆始终处于最佳行驶状态。

通过这种实时的数据采集、处理和反馈机制，电磁悬挂系统能够提供高度适应性的悬挂性能，显著提升车辆的操控性、舒适性和安全性。传感器和 ECU 的协同工作是实现这一目标的关键。

（三）电磁悬挂系统的电子控制策略

电磁悬挂系统中使用的控制算法和策略是确保系统高效运作的关键。这些算法和策略使得电磁悬架能够根据实时的车辆动态和路面条件自动调整，以提供最佳的行驶性能。以下是一些常见的电子控制算法和策略：

1.自适应控制

（1）定义：自适应控制算法能够根据车辆的实时状态和外部环境自动调整悬挂系统的行为。这种算法不需要预先设定的参数，而是通过实时数据来优化控制输出。

（2）实现：ECU 收集来自各种传感器的数据（如车速、加速度、转向角等），并使用自适应算法（如模糊逻辑、神经网络或自适应 PID 控制）来计算最佳的悬挂阻尼设置。

2.实时调节

（1）定义：实时调节策略确保电磁悬挂系统能够快速响应车辆动态和路面变化，实现毫秒级的阻尼调整。

（2）实现：ECU 通过高速处理器和精确的控制算法，能够在短时间内（通常在几毫秒内）计算出新的阻尼值，并发送给电磁执行器，实现阻尼的快速调整。

3.天平控制策略

（1）定义：天平控制策略旨在保持车辆在不同负载条件下的平衡，确保车辆在加速、制动或转弯时的稳定性。

（2）实现：ECU 会监测车辆的载荷分布和重心位置，通过调整悬挂阻尼来补偿负载变化，以保持车辆性能稳定。

4.预设驾驶模式

（1）定义：预设驾驶模式确保驾驶员根据个人喜好或驾驶条件选择不同的悬挂设置，如舒适模式、运动模式或经济模式。

（2）实现：ECU 根据预设的参数和驾驶员的选择，调整电磁执行器的设置，以实现不同的悬挂特性。

5.预测控制

（1）定义：预测控制算法尝试预测车辆的未来动态，并提前调整悬挂系统以优化性能。

（2）实现：通过分析车辆的历史数据和当前状态，ECU 可以预测车辆在接下来的几秒内可能的动态变化，并提前调整悬挂阻尼。

6.主动阻尼控制

（1）定义：主动阻尼控制不仅能被动响应车辆动态，还能主动干预，以减少车辆在行驶过程中的震动和颠簸。

（2）实现：ECU 通过分析车辆的动态响应，主动调整电磁执行器，以抵消或减少震动。

这些控制算法和策略的结合使得电磁悬挂系统能够提供高度个性化和智能化的驾驶体验。随着计算能力和传感器技术的不断进步，未来的电磁悬挂系统将更加智能化，能够更好地适应各种驾驶条件和驾驶员的需求。

第四节 自动紧急刹车系统

一、自动紧急刹车系统概述

（一）自动紧急刹车系统的定义与作用

自动紧急刹车系统（AEB）是一种先进的汽车主动安全技术，旨在通过自动检测潜在的碰撞风险并采取预防措施来减少或避免交通事故。AEB 系统通过集成的传感器、摄像头、雷达或其他传感器技术监测车辆前方的环境，当系统检测到与前方车辆、行人或其他障碍物存在碰撞风险时，它会发出警告，并在必要时自动启动刹车，以使行驶中的车辆减速或停车，从而降低碰撞的可能性和严重程度。

1.自动紧急刹车系统的基本定义

AEB 系统是一种智能化的驾驶辅助系统，它能够识别并响应紧急情况，通过自动控制车辆的制动系统来防止或减轻碰撞。这种系统通常作为车辆安全套件的一部分，与其他安全功能，如车道保持辅助、盲点监测等协同工作。

2.在提高道路安全水平方面的作用

（1）减少碰撞事故：AEB 系统能够显著降低由于驾驶员反应不及时或判断失误导致的追尾事故。

（2）保护行人安全：许多 AEB 系统还具备行人检测功能，能够在检测到行人突然进入车辆行驶路径时自动刹车，保护行人安全。

（3）减轻事故后果：即使不能完全避免碰撞，AEB 系统也能有效降低碰撞速度，从而减轻事故对车辆和乘员的伤害。

（4）提高驾驶信心：AEB 系统为驾驶员提供了额外的安全保障，增强了他们在复杂交通环境中的驾驶信心。

（5）促进安全驾驶文化：随着 AEB 系统的普及，它有助于提高公众对安全驾驶重要性的认识，推动安全驾驶文化的建立。

AEB 系统是现代汽车安全技术的重要组成部分，它通过智能化的预防措施，显著提高了道路安全水平，减少了交通事故的发生概率，保护了驾驶员、乘客和行人的生命安全。随着汽车技术的不断发展，AEB 系统正变得越来越智能化，其应用范围也在不断扩大，成为未来智能交通系统的关键技术之一。

（二）自动紧急刹车系统的技术背景与发展历程

自动紧急刹车系统（AEB）的起源可以追溯到 20 世纪末，当时汽车制造商和安全研究机构开始探索如何利用先进的传感器和电子技术来提高车辆的主动安全性能。最初的 AEB 系统是基于雷达或摄像头技术，旨在辅助驾驶员在紧急情况下进行制动，以减少或避免碰撞事故的发生。

1.自动紧急刹车系统的起源

（1）1990 年：AEB 技术的早期概念开始出现，主要集中在研究如何通过电子系统来辅助驾驶员进行紧急制动。

（2）2000 年：随着雷达和摄像头技术的发展，一些汽车制造商开始在概念车上测试 AEB 系统。这些早期系统通常依赖于单一的传感器，如雷达或摄像头，来检测前方的障碍物。

2.自动紧急刹车系统的进步

（1）2008 年：欧洲新车评估计划（Euro NCAP）开始将 AEB 技术纳入其安全评估体系，这标志着 AEB 技术开始受到更广泛的关注和认可。

（2）2010 年：随着计算机视觉技术和机器学习技术的进步，AEB 系统变得更加智能和精确。AEB 系统开始能够识别行人、自行车和其他车辆，并且能够在更复杂的环境中工作。

（3）2014 年：欧盟规定，从 2014 年起，所有新生产的乘用车必须配备 AEB 系统，这进一步推动了 AEB 技术的普及和标准化。

（4）2016 年：美国高速公路安全管理局（NHTSA）和美国公路安全保险协会（IIHS）也开始评估 AEB 系统的性能，并鼓励汽车制造商将其作为标准配置。

3.自动紧急刹车系统在当前的发展状况

（1）多种传感器相融合：现代 AEB 系统通常结合使用雷达、摄像头、激光雷达（LIDAR）等多种传感器，以提高系统的可靠性和准确性。

（2）智能化：AEB 系统现在能够与车辆的其他智能系统（如自适应巡航控制、车道保持辅助等）集成，为驾驶员提供了更全面的驾驶辅助。

（3）法规推动：全球多个国家和地区已经或正在制定法规，要求新车型配备 AEB 系统，这进一步加速了自动紧急刹车系统的普及。

自动紧急刹车系统的发展不仅提高了车辆的主动安全性能，还为自动驾驶技术的发展奠定了基础。随着汽车技术的不断进步，自动紧急刹车系统将变得更加智能化，能够在更广泛的驾驶场景中为驾驶员和乘客提供保护，以减少交通事故，提高道路安全。

二、自动紧急刹车系统的关键组件与工作原理

（一）自动紧急刹车系统的关键组件

自动紧急刹车系统（AEB）中的主要组件包括多种传感器和执行器，它们通过协同工作以实现对前方障碍物的检测、风险评估和自动制动。以下是 AEB 系统中的一些关键组件：

1.摄像头：摄像头是 AEB 系统中的视觉传感器，它能够捕捉前方道路的图像数据。

通过图像识别技术，摄像头可以识别车辆、行人、自行车等障碍物，以及车道线、交通标志等。摄像头通常安装在车辆的前挡风玻璃后面，以获得最佳的视角。

2.雷达：雷达传感器，特别是毫米波雷达，能够发射无线电波并接收反射回来的信号，从而测量前方障碍物的距离、速度和相对速度。雷达传感器通常对速度和距离的测量非常精确，但可能在识别物体形状和大小方面不如摄像头。

3.激光雷达：激光雷达是一种使用激光光束进行距离测量的传感器，它能够提供高精度的三维地图，有助于 AEB 系统更准确地识别和定位障碍物。激光雷达传感器通常安装在车辆的顶部或前部，以获得更广阔的视野。

4.电子控制单元（ECU）：电子控制单元主要负责处理来自传感器的数据，并根据预设的算法做出决策。如果系统判断存在碰撞风险，电子控制单元会发送指令给执行器。电子控制单元还负责与车辆的其他系统（如动力系统、转向系统）进行通信，以协调车辆的响应。

5.执行器：执行器是 AEB 系统中的执行部分，包括制动执行器和可能的转向执行器。制动执行器根据电子控制单元的指令，自动调整制动力，以使行驶中的车辆减速或停车。在某些高级 AEB 系统中，转向执行器也可能被激活，以帮助车辆避开障碍物。

6.人机界面：人机界面用于向驾驶员提供系统状态的反馈，如通过仪表盘显示警告信息，或者在必要时发出声音警告。

总而言之，这些组件共同构成了 AEB 系统，使其能够在各种驾驶条件下有效地工作，提高车辆的主动安全性能。随着汽车技术的发展，AEB 系统正变得越来越智能化，能够更好地适应复杂的交通环境，减少交通事故的发生。

（二）自动紧急刹车系统的工作原理

自动紧急刹车系统（AEB）通过一系列精密的组件和算法来监测前方障碍物，并在检测到潜在碰撞风险时自动启动刹车。以下是这一过程的详细解释：

1.数据采集

（1）摄像头：捕捉前方道路的图像，识别车道线、交通标志，以及车辆、行人等障碍物。

（2）雷达：发射无线电波并接收反射波，测量前方障碍物的距离、速度和相对速度。

（3）激光雷达（如果配备）：提供高精度的三维地图，帮助系统更准确地识别和定位障碍物。

2.数据处理

电子控制单元（ECU）接收来自摄像头和雷达的数据，并通过内部算法进行处理。这些算法可能包括机器学习模型，用于提高识别的准确性和可靠性。

3.风险评估

ECU 分析处理后的数据，评估前方障碍物的碰撞风险。这包括计算碰撞时间、安全距离以及避免碰撞所需的最小减速度等。

如果系统判断存在碰撞风险，并且驾驶员没有采取足够的避让措施，ECU 会决定启动自动紧急刹车。

4.自动刹车

ECU 向制动执行器发送指令，激活车辆的制动系统。这可能包括渐进式刹车，即逐渐增加制动力，以避免突然刹车对乘客造成不适。

在某些情况下，如果系统判断需要更激进的避让动作，可能会同时激活转向执行器，帮助车辆改变行驶方向，以避免碰撞。

5.驾驶员反馈

在自动刹车启动之前，系统通常会通过人机界面向驾驶员发出警告，如视觉、声音或触觉信号，提醒驾驶员注意前方情况。

如果驾驶员在收到警告后采取了适当的避让措施，系统可能会取消自动刹车，以避免不必要的干预。

6.持续监控

AEB 系统在整个过程中持续监控车辆周围环境，确保在必要时能够快速响应。即使在自动刹车启动后，系统也会继续监测，以确保车辆安全。

通过这种集成的监测和响应机制，AEB 系统能够在多种驾驶场景下有效减少或避免碰撞，显著提高道路安全性。随着汽车技术的不断进步，AEB 系统的性能和可靠性将继续提升，为驾驶员提供更加全面的安全保障。

第五节 自动转向系统

一、自动转向系统概述

（一）自动转向系统的定义与作用

自动转向系统是一种先进的车辆控制技术，它能使车辆在特定条件下自动调整其行驶方向，以保持在预定的路径上，或者在驾驶员的辅助下进行精确的转向操作。这种系统通常与车辆的其他高级驾驶辅助系统（ADAS）相结合，如自适应巡航控制（ACC）、车道保持辅助（LKA）和自动紧急刹车（AEB）等。

1.自动转向系统的基本定义

自动转向系统通过集成的传感器、摄像头、雷达和激光雷达等设备来监测车辆周围的环境，包括道路状况、其他车辆、行人和障碍物等。系统的核心是电子控制单元（ECU），它根据收集到的数据和预设的控制算法来计算最佳的转向角度，并指挥执行器（如电动助力转向系统）进行相应的转向操作。

2.在提高驾驶安全水平方面的作用

（1）车道保持：自动转向系统能够识别车道标记，并在车辆偏离车道时自动进行微调，帮助驾驶员保持车辆在车道中心，减少因车道偏离导致的事故。

（2）碰撞预防：在紧急情况下，如前方突然出现障碍物，系统可以辅助驾驶员进行紧急转向，以避免或减轻碰撞。

（3）交通拥堵辅助：在拥堵路段，自动转向系统可以与自适应巡航控制相结合，实现车辆的自动跟车行驶，以减轻驾驶员的操作负担。

3.在提高驾驶舒适性方面的作用

（1）降低驾驶员的疲劳感：在长途驾驶或高速公路上，自动转向系统可以减少驾驶员对方向盘的持续控制，以缓解驾驶员的疲劳感。

（2）提高驾驶便利性：在复杂的交通环境中，如在停车场或狭窄的街道上，自动转向系统可以帮助驾驶员更轻松地停车或低速行驶。

（3）增强驾驶体验：通过精确的转向控制，自动转向系统能够为驾驶员提供更加平稳和流畅的驾驶体验，特别是在高速行驶时。

随着自动驾驶技术的发展，自动转向系统正变得越来越智能化，不仅在提高驾驶安全水平和舒适性方面发挥着重要作用，也为未来完全自动化的驾驶体验奠定了基础。

（二）自动转向系统的技术背景

自动转向系统的技术起源可以追溯到 20 世纪 50 年代，当时美国的天合汽车集团（TRW Automotive Holdings Corp）提出了用控制信号代替转向盘和转向轮之间机械连接的概念。这一早期的"线控转向"概念，旨在通过电子信号直接控制车辆的转向，从而实现更精确和灵活的操控。

随着电子技术和计算机控制技术的发展，线控转向系统在 20 世纪 90 年代开始取得实质性进展。这一时期，美国、日本及欧洲国家的汽车制造商和供应商开始研发和展示采用线控转向系统的概念车。线控转向系统通过电子控制单元（ECU）处理来自传感器的数据，并通过控制转向电机来实现车辆的转向，从而摆脱了传统机械转向系统的局限性。

进入 21 世纪之后，随着自动驾驶技术的兴起，自动转向系统迎来了新的发展机遇。自动驾驶汽车需要高度集成和智能化的转向系统来实现路径规划、避障、车道保持等功能。线控转向系统因其能够实现驾驶员操作与车辆运动的解耦，以及与车辆其他主动安全系统的高效集成，被认为是实现高级自动驾驶的关键技术之一。

2013 年，英菲尼迪 Q50 成为第一款采用线控转向技术的量产车型，这标志着线控转向技术从实验室走向市场。随后，线控转向系统在自动驾驶汽车的研发中占据了重要地位，其技术不断优化，以满足更高级别的自动驾驶需求，如在自动驾驶模式下提供适当的路感反馈，以及在系统故障时确保转向安全。

随着自动驾驶技术的不断进步，自动转向系统将继续发展，其控制策略和执行精度将更加精细，与车辆其他系统的协同作用也将更加紧密。未来，自动转向系统有望在完全自动驾驶汽车中实现更高级的自主导航和操控，为驾驶员提供更加安全、舒适和便捷的驾驶体验。

二、自动转向系统的关键组件与技术原理

（一）传感器与执行器

自动转向系统中使用的传感器类型主要包括以下几种：

1.扭矩传感器：扭矩传感器用于测量驾驶员施加在转向盘上的力矩，是电动助力转向系统（EPS）中的关键传感器。它能够检测转向盘的转向力矩和转向角度，为 ECU 提供必要的输入数据。

2.转向角传感器：转向角传感器用于测量转向盘的转动角度，这对于 EPS 系统来说同样重要，因为它帮助 ECU 了解驾驶员的转向意图，并据此调整助力。

3.车速传感器：车速传感器用于监测车辆的行驶速度，这个信息对于 EPS 系统在不同速度下提供适当的助力至关重要，尤其是在高速行驶时，系统需要提供更稳定的转向助力。

4.摄像头：在高级驾驶辅助系统（ADAS）中，摄像头用于捕捉前方道路的图像，识别车道线、交通标志、其他车辆和行人等。这些信息对于自动转向系统在车道保持辅助（LKA）和自动紧急刹车（AEB）等功能中至关重要。

5.雷达：雷达传感器通过发射无线电波并接收反射回来的信号来测量前方障碍物的距离、速度和相对速度。这对于自动转向系统在碰撞预防和自适应巡航控制（ACC）中的应用非常重要。

6.激光雷达：激光雷达通过发射激光束并测量反射回来的光束来创建周围环境的高精度三维地图。这种传感器在自动驾驶车辆中用于精确地识别和定位障碍物，对于自动转向系统的精确控制至关重要。

自动转向系统中使用的执行器，如 EPS 系统，根据传感器数据进行精确控制的过程如下：

1.数据收集：EPS 系统首先通过扭矩传感器和转向角传感器收集驾驶员的转向意图数据，同时车速传感器提供车辆速度信息。

2.数据处理： ECU 接收这些数据，并结合车辆的动态模型和预设的控制策略进行处理。

3.控制策略：ECU 根据处理后的数据，计算出所需的助力扭矩。这可能包括考虑车速、转向角度、驾驶员的转向力矩等因素，以提供适当的助力。

4.执行控制：ECU 向 EPS 的电机发送控制信号，电机根据这些信号调整其输出扭矩，从而实现对转向机构的精确控制。

5.反馈与调整：EPS 系统会持续监测转向盘的力矩和转向角度，以及车辆的动态响应，确保转向助力与驾驶员的期望和车辆的实际行驶状态相匹配。如果需要，ECU 会调整电机的输出，以优化转向性能。

通过这种精确的传感器数据收集和控制策略，自动转向系统能够为驾驶员提供更加安全、舒适的驾驶体验，并在自动驾驶技术中发挥重要作用。

（二）核心控制算法

自动转向系统的核心控制算法是实现车辆自主导航和精确转向的关键，这些算法通常包括以下几个方面：

1.路径规划

（1）算法：路径规划算法负责根据车辆当前位置、目的地和周围环境信息，规划一条最优或可行的行驶路径。这可能涉及最短路径算法、迪克斯特拉算法（Dijkstra's Algorithm，简称 Dijkstra 算法）等，这些算法能够在考虑道路网络、交通规则和实时交通状况的基础上，为车辆提供导航指导。

（2）实现：算法会生成一系列转向指令，指导车辆沿着规划的路径行驶。这些指令会被发送给执行器，如 EPS，以实现车辆的自主导航。

2.障碍物避让

（1）算法：障碍物避让算法利用雷达、激光雷达和摄像头等传感器收集的数据，识别前方的障碍物，并计算出避免碰撞的轨迹。这包括预测障碍物的运动轨迹，计算安全距离，以及规划紧急避让路径。

（2）实现：当系统检测到潜在的碰撞风险时，避让算法会计算出新的转向指令，以改变车辆的行驶方向，避免与障碍物发生碰撞。这些指令同样会被发送给 EPS，实现精确的转向控制。

3.车道保持

（1）算法：车道保持算法通过摄像头识别车道线，并监测车辆相对于车道线的位置。算法会计算出车辆的偏移量，并生成相应的转向指令，以保持车辆在车道中心行驶。

（2）实现：车道保持系统会根据车辆的偏移量调整 EPS 的输出，使车辆自动微调方向，确保车辆始终在车道内行驶。这有助于减少驾驶员的操作负担，提高驾驶舒适性。

这些核心控制算法通常由 ECU 执行，ECU 会实时处理来自传感器的数据，并根据预设的控制策略和算法，生成精确的转向指令。这些指令通过车辆通信网络（如 CAN 总线）发送给 EPS 等执行器，以实现车辆的自主导航和精确转向。

随着深度学习和人工智能技术的发展，这些算法正变得越来越智能化，能够使车辆更好地适应复杂的交通环境和驾驶条件。例如，深度学习技术可以帮助系统更准确地识别道路标志和交通信号，而强化学习则可以用于优化车辆在复杂场景下的决策过程。这些技术的应用将进一步推动自动转向系统的发展，使其在自动驾驶汽车中的应用更加广泛和高效。

第六节 底盘电子控制系统的故障诊断

一、底盘电子控制系统的重要性

底盘电子控制系统通过集成和优化各种电子技术，能够显著提升汽车的性能、安全性和驾驶体验。以下是底盘电子控制系统的一些主要作用及其对车辆性能的影响：

1.提高稳定性和舒适性：底盘电子控制系统，如电子稳定程序（ESP）、牵引力控制系统（TCS）和防抱死制动系统（ABS），能够实时监测车辆的行驶状态，并通过调整车轮的制动力和发动机输出来维持车辆的稳定性。这在湿滑路面或紧急避让时尤为重要，可以有效防止车辆失控，提高行驶安全性。

2.优化操控性：电子助力转向系统（EPS）和主动转向系统（AS）能够根据车速和驾驶者的操作意图调整转向力度和反馈，使得车辆在高速时更稳定，在低速时更灵活，从而提升驾驶的操控性。

3.提升燃油经济性：通过精确控制发动机和变速器，底盘电子控制系统有助于提高燃油效率，减少不必要的能量消耗。例如，自动变速器的电子控制单元（ECU）可以根据驾驶条件自动选择最佳的换挡时机，以实现最佳的燃油经济性。

4.增强驾驶辅助功能：现代汽车中的底盘电子控制系统还集成了各种驾驶辅助功能，如自适应巡航控制（ACC）、车道保持辅助（LKA）和自动泊车系统等，这些功能通过电子传感器和执行器的协同工作,可以减轻驾驶员的负担,提高驾驶的便捷性和舒适性。

5.实现智能化和网络化:随着电子技术的发展,底盘电子控制系统正朝着智能化和网络化方向发展。例如,智能底盘系统可以通过车辆间的通信(V2X)技术,实现车辆与车辆、车辆与基础设施之间的信息交换,以进一步提升道路安全和交通效率。

6.促进电动化和自动驾驶:在电动汽车和自动驾驶汽车领域,底盘电子控制系统的作用更加凸显。例如,电子驻车系统和线控制动系统等技术的应用,为实现更高效的能量管理和更精确的车辆控制提供了可能。

总之,底盘电子控制系统通过精确的电子控制和智能化管理,不仅提升了现代汽车的整体性能,还为未来汽车技术的发展,如电动化、智能化和自动驾驶,奠定了坚实的基础。

二、底盘电子控制系统故障诊断的方法与挑战

(一)底盘电子控制系统故障传统诊断方法

1.故障诊断方法

故障诊断对于确保车辆的安全和性能至关重要,它的作用主要体现在以下几个方面:

(1)预防性维护:通过定期的故障诊断,可以及时发现潜在的问题,从而在问题变得严重之前进行预防性维护,避免意外故障的发生。

(2)提高安全性:车辆的许多关键系统,如制动、转向和动力传动系统,都需要精确的故障诊断来确保它们的正常运行,这直接关系到驾驶员和乘客的安全。

(3)优化性能:故障诊断可以确定车辆性能下降的原因,如燃油效率降低、动力不足等,通过修复这些问题,可以恢复车辆的最佳性能。

(4)降低维修成本:准确的故障诊断可以避免不必要的维修工作,减少维修成本,同时确保只对真正需要维修的部分进行操作。

(5)延长车辆寿命:通过及时的诊断和维护,可以延长车辆的使用寿命,减少因故障导致的过早报废。

2.在故障诊断过程中会遇到的挑战

(1)复杂性:现代汽车的电子系统和机械结构日益复杂,这使得故障诊断变得更加困难,需要专业的知识和技术来分析和解决问题。

（2）诊断工具和软件：随着汽车技术的发展，诊断工具和软件需要不断更新以适应新的汽车技术，这可能需要昂贵的投资和持续的培训。

（3）数据解读：车辆的电子控制单元（ECU）会产生大量数据，需要解读这些数据，以确定故障原因以及所需要的专业知识和经验。

（4）诊断标准和法规：不同地区和制造商可能有不同的诊断标准和法规，这可能会影响诊断流程和维修方法。

（5）远程诊断：随着车辆联网技术的发展，远程诊断变得越来越普遍。这要求诊断系统能够处理和传输大量数据，同时保证数据的安全性。

（6）人工智能和自动化：虽然人工智能和自动化技术可以提高诊断效率，但它们也带来了新的挑战，如需要一定技术来确保诊断系统的准确性和可靠性。

（7）环境因素：车辆运行在不同环境下，如极端气候以及极端道路条件，都可能影响故障诊断的准确性。

总之，故障诊断是确保车辆安全和性能的关键环节，尽管面临诸多挑战，但通过不断的技术创新和专业培训，可以有效应对，并提高诊断的效率和准确性。

（二）底盘电子控制系统故障的现代诊断技术

电子控制单元（ECU）的自诊断功能使 ECU 能够在车辆运行过程中自动检测和记录潜在的故障。这一功能对于确保车辆性能、安全性以及维护车辆的可靠性至关重要。

1.ECU 自诊断功能的关键方面

（1）故障码读取：ECU 在检测到特定条件下的异常时，会生成一个故障码，这是一个特定的代码，用于指示故障的性质和位置。这些故障码可以被专业的诊断工具读取，帮助维修人员快速定位问题。故障码的生成通常基于一系列的测试，这些测试是 ECU 内部的诊断算法，它们在特定的操作周期内运行，以确定组件或系统是否正常工作。读取故障码通常需要使用车载自诊断系统（OBD）接口，这是车辆上的标准接口，能使外部设备（如 OBD-II 扫描仪）与 ECU 通信。

（2）实时数据监控：ECU 不仅能够记录故障信息，还能够实时监控车辆的各种参数，如发动机转速、冷却液温度、燃油压力、空气流量等。这些数据对于理解车辆的当前状态和诊断潜在问题非常有用。实时数据监控可以通过 ECU 的 CAN 总线或其他车载通信总线进行，这些总线能使 ECU 与其他车辆系统（如仪表板、传感器、执行器等）交换信息。通过专业的诊断软件，维修人员可以实时查看这些数据流，分析传感器读数是否在正常范围内，以及执行器是否按预期工作。

（3）故障处理和记录：当 ECU 检测到故障时，除了生成故障码，它还可能采取一些措施来减轻故障造成的影响，例如进入"故障安全"模式，这可能会限制车辆的性能以保护关键系统。ECU 会将故障信息存储在非易失性存储器中，即使在车辆断电后，这些信息也不会丢失，便于后续的故障分析和维修。

（4）诊断流程：在进行 ECU 故障诊断时，维修人员通常会遵循一定的流程，包括了解故障情况、初步检查、读取故障码、分析数据流、制订维修计划、实施维修及测试验证等。

2.挑战与注意事项

ECU 的自诊断功能虽然强大，但在实际应用中可能会遇到一些挑战，如故障码的误报，复杂的故障诊断逻辑，以及对专业诊断工具和知识的依赖。在处理 ECU 故障时，需要确保使用正确的诊断工具和方法，以避免对车辆造成进一步的损害。

总之，ECU 的自诊断功能是现代汽车维护和故障排除的重要工具，它通过故障码读取和实时数据监控，为维修人员提供了宝贵的信息，帮助他们有效地诊断和解决车辆问题。

（三）底盘电子控制系统故障的高级诊断工具

汽车高级诊断设备和软件是现代汽车维修和维护中不可或缺的工具，它们帮助技术人员深入分析车辆的性能问题，确保车辆安全和高效运行。以下将具体描述汽车高级诊断设备和软件在故障诊断中的应用：

1.OBD-II 扫描仪：OBD-II 扫描仪是一种连接到车辆的 OBD-II 端口的设备，它用以确保技术人员能够读取车辆的故障码和实时数据。这些扫描仪可以提供发动机性能、排放系统、燃油系统、变速器及其他子系统的状态信息。在故障诊断中，OBD-II 扫描仪可以帮助识别和解决各种问题，如发动机启动困难、油耗异常、排放超标等。它们通常具有易于理解的界面，显示故障码的详细信息，并可能提供故障排除建议。

2.专业诊断软件：专业诊断软件，如 AutoEnginuity，Torque Pro，Carista 等，能够提供更高级的车辆诊断功能。这些软件通常与 OBD-II 扫描仪配合使用，可以进行更深入的车辆系统分析，包括 ECU 编程、参数调整、高级数据记录和分析等。在故障诊断中，这些软件可以帮助技术人员理解复杂的车辆系统行为，进行精确的故障定位，甚至进行软件更新和校准，以优化车辆性能。

3.专用诊断工具：对于特定品牌或车型，制造商可能会提供专用的诊断工具，如VAG-COM，GM Tech2，Ford VCM II 等。这些工具专为特定车辆设计，能够提供更详细的诊断信息和更全面的系统控制功能。在故障诊断中，专用诊断工具可以提供制造商的官方诊断支持，包括读取和清除故障码、执行系统测试、查看车辆历史记录等。

4.无线诊断设备：随着车辆网络技术的发展，无线诊断设备如蓝牙或无线通信技术（Wi-Fi）连接的扫描仪也开始流行。这些设备能使技术人员通过智能手机或平板电脑远程访问车辆的诊断信息，提高了诊断的便捷性。在故障诊断中，无线诊断设备使得技术人员可以在车辆周围移动，同时监控和分析数据，这对于诊断复杂的电气问题尤其重要。

5.综合诊断系统：一些高级综合诊断系统，如 Snap-on，Bosch，Mitchell1 等，能够提供全面的维修信息数据库，包括故障诊断、维修手册、零件信息和维修流程。在故障诊断中，这些系统不仅能提供故障码解读，还提供了维修步骤、零件更换指南和相关的技术文章，帮助技术人员更全面地解决问题。

这些高级诊断设备和软件的应用大大提高了汽车维修的效率和准确性，使得技术人员能够更快地诊断问题，减少车辆停机时间，增强客户满意度。随着汽车技术的不断进步，这些工具也在不断更新，以适应新的车辆系统和诊断需求。

三、底盘电子控制系统常见故障类型与诊断流程

（一）电子控制单元（ECU）故障

引起 ECU 故障的原因有很多，包括软件错误、硬件损坏、环境因素等。以下是一些常见的故障原因以及相应的诊断步骤：

1.常见故障原因

（1）软件错误

①程序存储器（EPROM 或 EEPROM）中的数据丢失或损坏，可能导致发动机或其他被控制对象运转失常。

②软件中的死循环、除零、溢出等逻辑错误，可能导致 ECU 无法正常执行任务。

（2）硬件损坏

①电源电路故障：浪涌电压可能导致贴片电容、电阻、二极管等元器件损坏。

②输出动力模块故障：由于驱动电流较大，功率板发热可能导致功率驱动电路击穿。

③存储器故障：存储器中的字节丢失或 EEPROM 内容被异常改写，可能导致系统故障。

④PCB 上的器件故障：如处理器、外围芯片等硬件损坏。

（3）环境因素

①温度突变引起的结露现象，可能导致电路板腐蚀。

②ECU 进水或受潮，可能造成短路和不可恢复的腐蚀。

（4）电压超载

由于电磁阀或执行器电路内的短路，可能导致 ECU 损坏。

（5）不规范的操作

①在拆装过程中未采取静电防护措施，可能导致 ECU 损坏。

②安装 ECU 之前未断开蓄电池电源，可能导致电源电路问题。

2.诊断步骤

（1）外围电路检查

①检查 ECU 的电源电路，确保电源电压和搭铁线正常。

②检查 ECU 的搭铁端子是否良好。

（2）静态检测

①使用诊断仪进行通信功能检测，确认 ECU 供电、搭铁线、芯片组及基本功能正常。

②如果通信连接失败，检查电源电压、基准电压（+5V）与搭铁线等线路。

（3）动态检测

①在系统工作状态下，读取数据流观察传感器信号是否正确。

②如果数据流丢失，尝试断开传感器并使用信号模拟器模拟信号。

（4）ECU 内部检查

①如果静态和动态检测正常，进行参数信号分析。

②如果参数相差甚远或输入信号正常而输出功能不良，检查或更换 ECU。

（5）故障码读取

使用专用诊断工具读取 ECU 内部的故障码，并根据故障码进行故障排查。

（6）执行器状态检测

通过读取执行器的反馈信号，判断执行器是否正常运行。

（7）数据流分析

分析 ECU 内部的数据流，了解各传感器和执行器的工作状态。

（8）故障修复

根据故障码和数据流分析的结果，制订并实施维修计划。

（9）测试验证

维修完成后，进行发动机测试，确保故障得到解决，并再次读取 ECU 内部的故障码和数据流，确认 ECU 正常工作。

通过这些步骤，技术人员可以有效地诊断和解决 ECU 的故障问题。在实际操作中，可能需要根据车辆的具体型号和 ECU 的设计进行相应的调整。

（二）传感器与执行器故障

传感器和执行器是现代控制系统中的关键组件，它们的故障诊断对于确保系统的正常运行至关重要。以下是一些常见的传感器和执行器故障诊断方法，包括信号测试和功能测试：

1.传感器故障诊断方法

（1）信号测试

①直接测量：使用万用表或专用测试设备测量传感器输出信号，与预期值进行比较，检查是否存在异常。

②信号分析：通过频谱分析、小波变换等方法分析传感器信号的频率特性，识别信号中的异常模式。

③数据采集：使用数据采集系统记录传感器输出，通过软件分析数据趋势，检测可能的飘移、偏差或失真。

（2）功能测试

①模拟输入：向传感器提供已知的输入信号，检查其输出是否符合预期，以验证传感器的响应准确性。

②环境测试：在不同的环境条件下（如温度、湿度、压力等）测试传感器，以确定其在不同工况下的性能。

③对比测试：使用已知良好的传感器与待测传感器进行对比，观察两者输出的差异。

2.执行器故障诊断方法

（1）信号测试

①电气测试：检查执行器的电气连接，包括电压、电流和电阻，确保电源和信号线路正常。

②响应时间测试：测量执行器从接收指令到实际动作的时间，分析其响应速度是否符合规格。

（2）功能测试

①手动操作：在自动控制系统关闭的情况下，手动操作执行器，检查其机械运动是否顺畅。

②负载测试：在执行器上施加预期的负载，检查其在负载下的性能，如定位精度、速度和稳定性。

③循环测试：让执行器进行多次开闭循环，观察其在重复操作中的性能变化，以检测潜在的磨损。

3.综合诊断方法

（1）基于模型的诊断

①残差分析：通过建立系统的数学模型，比较实际输出与模型预测输出之间的残差，以检测和定位故障。

②参数估计：对系统参数进行估计，分析参数变化以识别故障。

（2）基于信号处理的诊断

①特征提取：从传感器和执行器的信号中提取特征，如幅值、频率、相位等，用于故障识别。

②模式识别：使用机器学习算法（如神经网络、支持向量机等）对信号进行分类，以识别故障模式。

（3）基于知识的诊断

①专家系统：利用专家知识和规则库进行故障诊断，适用于复杂系统的故障分析。

②模糊逻辑：处理系统的不确定性和模糊性，适用于非线性系统的故障诊断。

在实际应用中，通常诊断过程会结合多种方法，以提高故障诊断的准确性和效率。诊断方法的选择取决于系统的复杂性、故障类型、可用的测试设备以及所需的诊断精度。

（三）通信与网络故障

车辆通信网络，尤其是 CAN 总线，是现代汽车中用于实现 ECU 之间高效通信的关键技术。诊断 CAN 总线网络的故障通常涉及以下几个步骤：

1. 初步检查

确认所有 ECU 和 CAN 总线终端电阻安装是否正确。CAN 总线两端应各有一个 120 Ω 的终端电阻，以减少信号反射。

检查 CAN 总线线缆是否有物理损坏，如断线、短路或接触不良。可以使用断路测试仪检查线缆的完整性。

2. 网络分析

使用 CAN 分析仪或诊断工具来监测网络通信。这些工具可以显示实时的 CAN 帧，帮助识别通信错误和异常。

分析 CAN 总线上的错误帧，如错误帧、过载帧和错误被动帧，这些通常指示通信问题。

3. 通信测试

（1）节点切除法：逐个断开网络中的节点，观察网络通信是否恢复正常，以确定故障节点。

（2）注入故障法：向网络中注入模拟故障，如错误的帧或干扰信号，以测试网络的容错能力和故障诊断功能。

（3）实时数据流分析：监控 CAN 总线上的数据流，检查数据传输的频率、内容和时序，确保它们符合预期。

4. 电气测试

检查 CAN 总线的电压水平。在正常状态下，CAN_H（高电平）应接近电源电压，CAN_L（低电平）应接近地电压。任何偏差都可能指示电气问题。

使用示波器观察 CAN 总线的信号波形，检查是否存在信号畸变或异常。

5. 波特率和时钟频率检查

确保所有节点的波特率设置一致。不一致的波特率可能导致通信错误。

对于 CAN FD 网络，检查时钟频率是否匹配，因为不同的时钟频率会影响信号的传输。

6.软件和固件更新

检查 ECU 的软件和固件版本，确保它们是最新的，因为软件更新可能包含修复已知通信问题的补丁。

7.故障排除

（1）如果发现特定节点有问题，尝试重置或重新编程该节点。

（2）如果线缆或硬件损坏，进行更换。

（3）如果是软件问题，根据诊断结果进行相应的软件调整或更新。

8.记录和报告

记录诊断过程和结果，包括任何观察到的错误和采取的措施。

如果问题复杂或无法解决，可能需要专业的技术支持或制造商的帮助。

通过这些步骤，可以系统地诊断和解决 CAN 总线网络的故障，确保车辆通信网络的可靠性和性能。在实际操作中，可能需要根据车辆的具体型号和网络配置进行适当的调整。

四、底盘电子控制系统故障排除与预防

（一）底盘电子控制系统的故障排除策略

汽车故障排除是一个系统性的过程，需要结合车辆的具体情况和故障现象来选择合适的策略。以下是一些常见的汽车故障排除策略：

1.逐步排除法

（1）症状分析。详细记录故障现象，包括故障发生的时间、频率、环境条件等。

（2）初步检查车辆的基本状况，如油液水平、电池电压、轮胎压力等。

（3）系统检查根据故障现象，检查相关的系统，如燃油系统、点火系统、排放系统等。

（4）故障诊断使用 OBD-II 扫描仪读取故障码，分析故障原因。

（5）部件测试对疑似故障的部件进行测试，如传感器、执行器、电路等。

（6）修复与验证对确认的故障部件进行修复或更换，然后进行测试以验证问题是否得到解决。

2.对比测试法

（1）使用相同车型。如果可能，使用相同车型的另一辆车进行对比测试，以确定故障是否特定于某辆车。

（2）部件交换。将疑似故障的部件与另一辆车的相同部件交换，观察故障是否转移，从而确定故障部件。

3.回溯法

检查维护记录，回顾最近的维护和修理记录，看是否有可能导致当前故障的操作。

4.分而治之法

（1）系统分解。将复杂的系统分解为更小的部分，逐一检查，以确定故障的具体位置。

（2）逐步集成。在排除了单个部分的故障后，逐步将它们重新集成，同时进行测试。

5.软件排除法

检查车辆的软件版本，如有更新，需要进行升级，以排除软件问题。

6.网络排除法

检查 CAN 总线，使用专用的诊断工具检查车辆的通信网络，排除网络故障。

7.环境因素排除

检查环境条件，确保车辆在适宜的环境下运行，如温度、湿度等，这些因素可能影响车辆性能。

8.专家咨询

（1）寻求专业帮助。对于复杂或难以诊断的故障，咨询专业的维修技师或制造商的技术支持。

（2）在进行汽车故障排除时，重要的是要保持耐心，遵循安全操作规程，确保在操作过程中不会对车辆或人员造成伤害。同时，记录每一步的检查和测试结果，这有助于快速定位问题并避免重复工作。

（二）底盘电子控制系统的预防性维护

通过定期维护和检查，可以有效预防汽车底盘电子控制系统的故障，确保车辆的安全和性能。以下是一些关于预防性维护措施的建议：

1.遵循维护计划

根据车辆制造商推荐的维护计划进行定期检查和更换磨损部件。这通常包括更换机油、滤清器、制动液、冷却液等。

2.检查电子控制单元（ECU）

定期检查 ECU 的软件版本，确保其为最新版本，以便包含最新的故障修复和性能优化。

3.检查传感器和执行器

对于底盘电子控制系统中的传感器（如速度传感器、压力传感器等）和执行器（如 ABS 泵、转向助力泵等）进行定期检查，确保它们的功能正常。

4.检查电气连接

检查底盘电子控制系统的所有电气连接，包括线束、连接器和接地，确保没有松动、腐蚀或损坏。

5.检查液压系统

对于液压驱动的底盘系统（如液压助力转向、液压制动系统），定期检查液压油的质量和油压，及时更换液压油。

6.检查制动系统

定期检查制动盘、制动片和制动液，确保制动系统的正常工作。

7.检查悬挂系统

对于电子控制的悬挂系统（如电子控制空气悬挂），检查气囊、弹簧和减震器，确保它们没有磨损或损坏。

8.使用专业诊断工具

使用 OBD-II 扫描仪定期读取车辆的故障码，及时发现并预防潜在问题的发生。

9.定期清洁和润滑

清洁底盘电子控制系统的外部部件，如传感器和执行器，以防止灰尘和污垢积累。对于需要润滑的部件，按照制造商的指导进行润滑。

10.驾驶习惯

良好的驾驶习惯可以减少对底盘电子控制系统的磨损，如避免急加速、急刹车和过度转向。

11.环境因素

在恶劣天气或道路条件下驾驶后，检查底盘电子控制系统是否有水损或因其他环境因素造成的损害。

12.专业维护

对于复杂的底盘电子控制系统，建议由专业的维修人员进行定期维护，他们具有专业知识和工具来确保系统的完整性。

实施这些预防性维护措施，可以显著降低底盘电子控制系统出现故障的风险，延长车辆的使用寿命，并确保驾驶安全。

第七章 底盘检修实践与案例分析

第一节 底盘检修的基本流程与工具

一、底盘检修前的准备

（一）底盘检修前的安全检查

在开始汽车检修前，确保安全是至关重要的，以下是一些基本的安全措施：

1.车辆固定：使用千斤顶或其他适当的支撑设备将车辆稳定地抬起，确保车辆在检修过程中不会意外移动或滑落。对于需要举升的车辆，使用专业的举升设备，并确保举升机处于良好工作状态。

2.断开电源：在进行任何电气系统的检修之前，应断开车辆的电源。这通常意味着移除点火钥匙，或者在某些情况下，断开电池的负极。这可以防止在检修过程中发生电气短路或触电事故。

3.检查周围环境：在开始工作之前，检查车辆周围的环境，确保没有其他人员或障碍物可能干扰检修工作。同时，确保工作区域有足够的照明，以便清晰地看到工作区域。

4.使用个人防护装备：穿戴适当的个人防护装备，如手套、安全眼镜、工作服等，以防止在检修过程中受伤。

5.检查工具和设备：在使用任何工具和设备之前，确保它们处于良好状态，没有损坏。检查千斤顶、扳手、螺丝刀等工具是否适合即将进行的工作。

6.遵循制造商指南：如果车辆有特定的检修程序或安全指南，务必遵循制造商的推荐。这包括特定的步骤、工具使用或安全注意事项。

7.紧急准备：准备好应对紧急情况的措施，如灭火器、急救包等，以防万一发生意外。

8.通知他人：如果可能，告知他人你正在进行检修工作，以便在紧急情况下有人知道你的位置和状况。

采取这些安全措施，可以显著降低在汽车检修过程中发生事故的风险，确保检修工作的安全进行。

（二）底盘检修前的工具与设备准备

进行汽车底盘检修时，需要一系列基本工具和专业设备来确保工作的顺利进行。以下是一些常用的工具和设备：

1.千斤顶：用于将车辆抬起，以便进行底盘部件的检查和更换。

2.扳手：包括开口扳手、梅花扳手、套筒扳手等，用于拆卸和安装螺栓和螺母。

3.扭力扳手：用于精确控制螺栓的紧固扭矩，确保部件安装正确。

4.螺丝刀：包括一字和十字螺丝刀，用于拆卸和安装小型螺丝。

5.锤子和橡皮锤：在需要轻微敲击时使用，以避免对部件造成损伤。

6.千分尺和卡尺：用于测量部件的精确尺寸，如轴承间隙、部件长度等。

7.润滑剂和清洁剂：用于润滑和清洁部件，确保其正常运作。

8.诊断仪：如 OBD-II 扫描仪，用于读取车辆的故障码，帮助诊断电子系统问题。

9.压力计：用于检查液压系统（如刹车系统）的压力。

10.轮胎压力计：用于测量轮胎内的压力，确保其在推荐范围内。

11.轮胎撬棒：用于拆卸轮胎，进行轮胎更换或平衡。

12.千斤顶支架：用于支撑千斤顶，确保车辆在检修过程中稳定。

13.转向系统工具：如转向节拆卸工具，用于拆卸和安装转向系统部件。

14.刹车系统工具：如制动分泵工具，用于拆卸和安装制动分泵。

15.悬挂系统工具：如减震器压缩工具，用于更换减震器时进行压缩。

16.电子控制单元（ECU）编程器：对于需要重新编程或更新 ECU 的现代车辆，这是一个必备的工具。

17.底盘测功机：用于在室内模拟道路行驶条件，检测车辆的动力性、燃油经济性和排放性能。

18.四轮定位仪：用于调整车辆的车轮定位，确保行驶稳定性和轮胎磨损均匀。

这些工具和设备的选择和使用应根据具体的检修任务和车辆类型来确定。在进行底盘检修时，确保使用正确的工具和遵循安全操作规程是非常重要的。

二、底盘检修流程

（一）对底盘的初步检查

对汽车底盘进行初步的视觉和功能检查是确保车辆安全和性能的重要步骤。以下是对底盘外观、悬挂系统、排气系统等进行初步检查的描述：

1.底盘外观检查

（1）检查底盘涂层：检查底盘涂层是否有剥落、生锈或腐蚀的迹象，这会影响车辆的防护性能和结构完整性。

（2）检查底盘损伤：检查是否有碰撞、刮擦或其他损伤，这些损伤可能导致结构弱化或潜在的安全风险。

（3）检查紧固件：确保所有底盘紧固件（如螺栓、螺母）都牢固地固定在位，没有松动或损坏。

2.悬挂系统检查

（1）检查弹簧和减震器：观察弹簧是否有断裂、变形或过度压缩的迹象，减震器是否有泄漏或损坏。

（2）检查悬挂连接件：检查悬挂系统的连接件（如球头、悬挂臂）是否有磨损或损坏，以及是否有异常噪声。

（3）检查轮胎和轮毂：检查轮胎是否磨损均匀，轮毂是否有损伤，以及轮胎压力是否符合推荐值。

3.排气系统检查

（1）检查排气管：观察排气管是否有裂缝、锈蚀或损坏，这些可能会导致排气泄漏。

（2）检查消声器：检查消声器是否已固定牢固，内部是否有损坏或堵塞。

（3）检查催化转化器：确保催化转化器没有损坏，这对于排放控制和车辆性能至关重要。

4.功能测试

（1）悬挂系统功能测试：在车辆行驶过程中，注意悬挂系统是否有异常噪声或颠簧，这可能是悬挂系统问题的信号。

（2）排气系统功能测试：启动发动机，检查排气系统是否有异常声音，如嗞嗞声或爆裂声，这可能表明有排气泄漏或催化转化器的问题。

5.其他检查

（1）检查刹车系统：在安全的情况下，进行刹车测试，确保刹车系统响应迅速且均匀。

（2）检查转向系统：在低速行驶时，检查转向系统是否顺畅，是否存在过度的间隙或不精确的转向。

在进行这些检查时，应确保车辆处于安全状态，如使用千斤顶将车辆抬起，或者在平坦的地面上进行检查。在这过程中发现的任何问题，应记录并根据需要进行进一步的诊断和维修。定期进行这些检查有助于预防潜在问题的发生，确保车辆的长期安全和性能。

（二）对底盘的详细检查与测试

对于汽车的关键部件，如刹车系统、转向系统和传动系统，进行定期检查和维护是确保车辆安全和性能的关键。以下是这些系统检查的基本流程：

1.刹车系统检查流程

（1）外观检查

①检查制动盘和刹车鼓是否有裂纹、变形或过度磨损。

②检查制动片的厚度，确保其在安全范围内（通常不应小于 2mm）。

③检查制动液位，确保制动液在最低和最高标记之间。

（2）功能测试

①在安全条件下进行刹车测试，感受刹车的响应性和力度。

②注意是否有异常声音，如尖叫声或金属摩擦声。

（3）液压系统检查

①检查刹车油管是否有泄漏或损坏。

②如果可能，使用制动液压力测试仪检查刹车系统的压力。

（4）电子系统检查（对于配备 ABS 的车辆）

①使用诊断工具读取任何相关的故障代码。

②检查 ABS 传感器和执行器的工作状态。

2.转向系统检查流程

（1）转向盘检查

①在车辆静止时，检查转向盘的自由间隙，确保其在制造商推荐的范围内。

②在车辆行驶时，感受转向的轻重和响应性。

（2）转向机构检查

①检查转向齿轮、转向器和转向连杆等部件的磨损和润滑情况。

②检查转向助力泵（如果车辆配备）的工作状态和油液水平。

（3）轮胎和悬挂检查

①确保轮胎气压正确，轮胎磨损均匀。

②检查悬挂系统，包括减震器、弹簧和连杆，确保没有损坏或异常。

（4）四轮定位

如果车辆出现行驶跑偏或转向不准确，可能需要进行四轮定位。

3.传动系统检查流程

（1）外观检查

①检查传动轴、万向节、驱动轴等部件是否有损伤、磨损或泄漏。

②检查离合器（如果适用）的液压系统，包括油液水平和泄漏情况。

（2）功能测试

①在车辆行驶时，感受换挡的顺畅性和响应性。

②注意是否有异常声音，如金属敲击声或齿轮噪声。

（3）电子系统检查（对于自动变速器）

①使用诊断工具读取故障代码，检查自动变速器箱控制单元（TCU）的状态。

②检查变速器油液的颜色和水平，必要时进行更换。

（4）维护和调整

①根据制造商的建议，定期更换变速器油和滤芯。

②如果需要，调整离合器的自由行程。

③在进行这些检查时，应遵循车辆制造商的维护手册，并在必要时寻求专业技术人员的帮助。定期的检查和维护可以预防潜在问题，确保车辆的安全和性能。

（三）对底盘故障的诊断与排除

1.故障诊断

使用专业工具进行汽车故障诊断通常涉及以下几个步骤：

（1）准备工作

①选择合适的诊断工具：根据车辆的类型和电子系统，选择合适的诊断工具，如OBD-II扫描仪、专业诊断软件或专用诊断设备。

②确认诊断工具兼容性：确保诊断工具与车辆的ECU兼容。

（2）连接诊断工具

①找到车辆的OBD-II接口：通常位于驾驶员侧方的仪表板下方。

②连接诊断设备：将诊断工具的OBD-II接口与车辆的OBD-II接口相连。

（3）读取故障码

①启动车辆：如果需要，启动车辆或将钥匙转到"ON"位置。

②读取故障码：通过诊断工具读取存储在ECU中的故障码。这些代码可以帮助确定故障的性质和位置。

（4）分析故障码

①查看数据流：诊断工具通常能显示实时数据流，帮助分析车辆的运行状态。

②参考维修手册：根据故障码和数据流，参考车辆的维修手册或在线资源，确定故障的可能原因。

（5）故障排除

①基本检查：根据诊断结果，进行基本的物理检查，如检查电线连接、保险丝、传感器位置等。

②更换或修复：如果确定某个部件故障，进行更换或修复。

③清除故障码：在故障排除后，使用诊断工具清除故障码，然后重新启动车辆以确认问题是否已解决。

（6）测试和验证

①进行道路测试：在安全的情况下，进行道路测试以验证故障是否已完全排除。

②记录维修过程：记录整个诊断和维修过程，以便未来参考。

2.常见的故障排除方法

（1）逐步排除法：从最可能的故障点开始检查，逐步排除，直到找到问题所在。

（2）对比测试法：使用已知良好的部件替换疑似故障部件，对比测试结果。

（3）替换法：在没有确切诊断结果时，尝试更换可能的故障部件，看是否能解决问题。

（4）系统分析法：分析整个系统的工作原理，找出可能的故障点。

在进行故障诊断时，应始终遵循安全操作规程，确保在安全的环境中工作。对于复杂的故障，可能需要专业的维修人员进行诊断和维修。

三、底盘检修的工具与设备

（一）检修时使用的手动工具

手动工具是进行汽车检修和日常维护时不可或缺的工具。以下是一些常用的手动工具及其用途：

1.扳手

（1）开口扳手：用于拧紧或松开六角形螺母和螺栓。根据尺寸和长度，开口扳手有多种规格。

（2）梅花扳手：类似于开口扳手，但两端的开口呈六角形，用于拧紧或松开六角形的螺栓。

（3）套筒扳手：由一个可旋转的手柄和一个可更换的套筒组成，套筒内有多个不同尺寸的六角孔，适用于多种尺寸的螺栓和螺母。

（4）棘轮扳手：带有棘轮机构，可以快速连续旋转，适合快速拧紧或松开螺栓。

2.螺丝刀

（1）一字螺丝刀：用于拧紧或松开一字槽的螺丝。

（2）十字螺丝刀：用于拧紧或松开十字槽的螺丝，也称为菲利普斯螺丝刀。

（3）星形螺丝刀：用于拧紧或松开星形槽的螺丝，常见于某些电子设备和家具。

3.千斤顶

（1）液压千斤顶：通过液压系统提供强大的举升力，用于抬起车辆进行底盘检修。

（2）机械千斤顶：通过机械杠杆原理提供举升力，通常用于较小的举升需求。

（2）便携式千斤顶：设计紧凑，便于携带，适合紧急情况下使用。

4.钳子

（1）尖嘴钳：用于抓取、弯曲或剪切金属线。

（2）钢丝钳：用于剪切、弯曲和扭转较粗的金属线。

（3）斜口钳：用于剪切电线、塑料管等，其斜口设计便于进入狭窄空间。

5.锤子

（1）木槌：用于敲打木楔或轻击部件，避免损伤。

（2）橡胶锤：用于敲打塑料或敏感部件，减少损伤风险。

（3）铁锤：用于需要较大冲击力的敲打工作。

6.其他工具

（1）卷尺：用于测量长度和距离。

（2）水平尺：用于检查部件是否处于水平状态。

（3）剥线钳：用于剥离电线的绝缘层。

（4）电工刀：用于切割电线和塑料管。

在使用这些手动工具时，应确保选择合适的工具进行工作，以提高效率并减少车辆部件的潜在损伤。同时，正确使用工具并遵循安全操作规程也是非常重要的。

（二）检修时电动工具的应用与优势

电动工具在汽车底盘检修中的应用大大提高了工作效率和精确度，特别是在处理复杂或劳动强度大的任务时。以下是一些常见的电动工具及其在底盘检修中的应用：

1.电动扳手

（1）应用：电动扳手，特别是冲击扳手，常用于快速拆卸或安装螺栓和螺母，如在更换轮胎、悬挂系统部件或发动机部件时。它们能够提供高扭矩输出，减少人工施力，提高作业速度。

（2）优势：电动扳手的高转速和可调节的扭矩设置，使得它们在紧固或松开难以手动操作的螺栓时非常有用。此外，它们通常配备有延长杆，可以轻松到达难以到达的位置。

2.电钻

（1）应用：电钻在底盘检修中用于钻孔、安装或移除螺丝、螺栓，以及进行一些小型的切割工作。在安装新的底盘部件或进行维修时，电钻是必不可少的工具。

（2）优势：电钻的高转速和精确的控制使得钻孔工作更加快速和准确，减少了手动钻孔可能产生的误差。此外，一些电钻还具有正反转功能，方便在拆卸部件时使用。

3.角磨机和砂轮机

（1）应用：这些工具用于打磨、切割和修整金属部件，如在底盘修复过程中去除锈蚀或进行金属切割。

（2）优势：电动角磨机和砂轮机具有强大的切割和打磨能力，能够快速处理金属表面，提高修复工作的效率。

4.电动砂光机

（1）应用：在底盘部件的表面处理中，电动砂光机用于平滑和清洁金属表面，去除旧漆层或锈迹，为喷漆或涂层做准备。

（2）优势：电动砂光机的高速旋转砂纸盘能够快速去除表面瑕疵，比手工砂磨更加高效。

5.电动切割机

（1）应用：在需要精确切割金属部件，如排气管、刹车线或底盘结构时，电动切割机是理想的选择。

（2）优势：电动切割机提供了直线切割和曲线切割的能力，切割速度快、切口整齐，减少了后续打磨的工作量。

在使用这些电动工具时，安全是首要考虑的因素。操作人员应确保使用适当的防护装备，如安全眼镜、手套和耳塞，并遵循制造商的操作说明。此外，定期维护和检查工具，确保其处于良好工作状态，也是确保工作安全和效率的关键。

（三）检修时诊断工具的应用与作用

诊断工具在汽车维护和修理中扮演着至关重要的角色，它们帮助技术人员快速准确地识别和解决车辆问题。以下是一些常见诊断工具的作用：

1.OBD-II 扫描仪

（1）作用：OBD-II 扫描仪是一种连接到车辆的诊断接口（通常位于驾驶员侧方仪表板下方）的设备，用于读取和清除车辆的故障码。这些故障码是由车辆的电子控制单元（ECU）生成的，指示了车辆可能存在的问题。

（2）功能：OBD-II 扫描仪能够读取实时数据流，显示车辆的运行参数，如发动机转速、冷却液温度、燃油压力等。它还可以执行元件动作测试，如激活转向灯或刹车灯，以检查其功能是否正常。此外，一些高级的 OBD-II 扫描仪还提供示波功能，用于分析传感器信号的波形，以及匹配、设定和编码功能，用于调整车辆的某些设置。

2.电子控制单元（ECU）诊断工具

（1）作用：ECU 诊断工具是专门用来与车辆的 ECU 进行通信的设备。它们可以深入分析 ECU 的内部数据，提供更详细的故障诊断信息。

（2）功能：这些工具通常能够读取和清除故障码，查看 ECU 的详细参数和状态，甚至可以进行 ECU 的编程和校准。它们对于解决复杂的电子系统问题非常有用，如发动机管理问题、变速器控制问题、排放系统问题等。

3.专业诊断软件

（1）作用：专业诊断软件通常与 OBD-II 扫描仪或 ECU 诊断工具配合使用，提供用户友好的界面，帮助技术人员更容易地解读数据和故障码。

（2）功能：这些软件可以提供故障码的详细解释，指导技术人员进行故障排除。它们还可以记录车辆的历史数据，帮助分析问题的趋势，以及提供维修建议。

4.示波器

（1）作用：示波器是一种测量和显示随时间变化的电压的设备，对于诊断电子电路的波形非常有用。

（2）功能：在汽车故障诊断中，示波器可以用来检查传感器信号的完整性，如氧传感器、曲轴位置传感器等。通过分析信号波形，技术人员可以确定传感器是否工作正常，或者是否存在电气连接问题。

5.多用电表

（1）作用：多用电表是一种基本的测量工具，可以测量电压、电流、电阻等电气参数。

（2）功能：在汽车诊断中，多用电表可以用来检查电池电压、电路的完整性，以及电气系统的电流消耗，帮助定位电气故障。

使用这些诊断工具时，技术人员可以更有效地诊断车辆问题，减少维修时间，提高维修质量。随着汽车电子系统复杂性的增强，这些工具的作用变得越来越重要。

四、底盘检修后的测试与验证

（一）检修后的功能测试

检修完成后的功能测试是确保汽车所有系统正常运行的关键步骤。这些测试通常包括以下几个方面：

1.发动机系统测试

（1）启动测试：检查发动机是否能顺利启动，启动后运行是否平稳。

（2）怠速测试：观察怠速时发动机的稳定性，确保没有异常震动或噪声。

（3）加速测试：在安全条件下进行加速测试，确保发动机响应迅速，没有动力不足或突然失速的现象。

2.刹车系统测试

（1）刹车效果：在安全的道路上进行刹车测试，确保刹车系统能够提供足够的制动力，且刹车距离在合理范围内。

（2）防抱死刹车系统（ABS）功能：如果车辆配备有ABS，需要在湿滑路面上进行刹车测试，确保ABS能够正常工作，防止车轮抱死。

3.转向系统测试

（1）转向响应：在低速和高速行驶时检查转向系统的响应性，确保转向灵活且无异常。

（2）四轮定位：如果进行了轮胎更换或悬挂系统维修，需要进行四轮定位测试，确保车辆直线行驶。

4.照明和信号系统测试

（1）灯光检查：检查所有外部照明设备（如前大灯、尾灯、转向灯、刹车灯）是否正常工作。

（2）信号灯测试：确保所有内部和外部信号灯（如仪表盘指示灯）显示正确。

5.电气系统测试

（1）电池和充电系统：检查电池电压，确保充电系统（发电机和调节器）工作正常。

（2）传感器和执行器：使用诊断工具检查所有相关的传感器和执行器，确保它们能够正确发送和接收信号。

6.排放系统测试

尾气检测：如果进行了排气系统的维修或更换，需要进行尾气排放测试，确保排放符合环保标准。

7.舒适性和便利性系统测试

（1）空调和加热系统：检查空调和加热系统是否能够正常工作，以便提供适宜的车内温度。

（2）音响和娱乐系统：测试音响、导航等娱乐系统的功能。

8.安全系统测试

（1）安全气囊和安全带预紧器：如果进行了相关系统的维修，需要确保安全气囊和安全带预紧器能够正常工作。

（2）防盗系统：检查车辆的防盗系统是否正常，包括遥控锁和报警系统。

在进行这些测试时，应确保遵循安全操作规程，必要时在专业人员的指导下进行。测试完成后，如果所有系统都表现正常，那么可以认为检修工作已经完成。如果发现任何问题，应记录并进行进一步的诊断和修复。

（二）检修后的道路测试

对维修后的汽车进行道路测试是确保车辆安全和性能恢复到预期水平的关键步骤。以下是关于道路测试的重要性以及如何进行有效道路测试的一些讨论：

1.道路测试的重要性

（1）确认维修质量：道路测试可以帮助确认维修工作是否达到了预期效果，确保所有问题都已得到妥善解决。

（2）评估驾驶性能：通过实际驾驶，可以评估车辆的动力、操控、制动等关键性能是否恢复正常。

（3）安全检查：确保车辆在维修后没有引入新的安全隐患，如确认刹车系统、转向系统等关键部件的可靠性。

（4）客户满意度：道路测试的结果可以作为向客户提供维修质量保证的依据，以提高客户满意度和信任度。

（5）持续改进：收集道路测试的数据可以为维修流程提供反馈，以便帮助维修团队不断改进技术和服务。

2.进行有效的道路测试的步骤

（1）制订测试计划：根据维修内容制订详细的测试计划，包括测试路线、速度、驾驶模式等。

（2）检查维修记录：在测试前，仔细检查维修记录，确保所有维修项目都已完成。

（3）预热车辆：在开始测试前，让车辆预热至正常工作温度，以确保所有系统（尤其是发动机和润滑系统）处于最佳状态。

（4）逐步增加负荷：从低速行驶开始，逐渐增加速度和负荷，模拟日常驾驶条件。

（5）注意异常现象：在测试过程中，密切注意任何异常声音、震动或性能下降的迹象。

（6）使用专业工具：如果可能，使用专业的诊断工具（如 OBD-II 扫描仪）来监测车辆的电子系统和传感器数据。

（7）记录数据：详细记录测试过程中的所有数据，包括行驶里程、燃油消耗、故障灯状态等。

（8）客户反馈：如果可能，邀请客户参与部分测试，收集他们的直接反馈。

（9）测试后检查：测试结束后，再次检查车辆，确保没有新的损坏或磨损。

（10）详细报告：编写详细的测试报告，包括测试结果、发现的问题以及任何建议的后续行动。

通过以上步骤，可以确保维修后的汽车在交付给客户之前，其性能和安全性都得到了充分的验证。这不仅有助于提升客户满意度，而且是对维修团队工作质量的一种保证。

第二节 常见底盘故障的诊断与排除

一、悬挂系统的故障诊断

（一）悬挂系统的故障诊断方法

悬挂系统故障的诊断是一个系统性的过程，涉及多个步骤，包括视觉检查、功能测试以及可能的电子诊断。以下是详细的诊断步骤：

1.初步视觉检查

（1）检查悬挂部件：检查悬挂系统的各个部件，如弹簧、减震器、悬挂臂、球头节等，寻找任何可见的损坏、磨损或腐蚀。

（2）检查连接件：确保所有螺栓、螺母和紧固件都牢固地固定在位，没有松动或损坏。

（3）检查泄漏：检查减震器和液压系统是否有油液泄漏的迹象。

（4）检查轮胎：轮胎磨损不均或气压不足可能会影响悬挂系统的性能。

2.功能测试

（1）驾驶测试：在平坦的道路上驾驶车辆，感受车辆的行驶稳定性。需要注意任何异常的颠簸、摇摆或噪声。

（2）转向测试：在低速和高速下进行转向，检查转向系统的响应性和准确性。

（3）制动测试：在安全的情况下进行紧急制动，观察车辆的稳定性和制动效果。

3.电子诊断（如果适用）

（1）使用 OBD-II 扫描仪：如果车辆配备有电子控制悬挂系统（如自适应悬挂），使用 OBD-II 扫描仪读取故障码。

（2）检查电子控制单元（ECU）：确保 ECU 工作正常，没有故障代码指示悬挂系统的问题。

4.专业工具检查

（1）检查减震器：使用悬挂测试设备，如悬挂压缩器或压力计，检查减震器的工作状态。

（2）检查悬挂间隙：使用千分尺或专用工具测量悬挂间隙，确保其在制造商规定的范围内。

（二）悬挂系统的故障排除策略

悬挂系统的故障排除方法通常涉及对悬挂组件的检查、更换或调整。以下是一些常见的故障排除方法：

1.更换减震器

（1）故障描述：减震器漏油、损坏或发出异常噪声。

（2）解决方法：检查减震器的外观是否有油迹，用手按压车辆的四个角，观察车身弹跳情况。如果减震器损坏，应更换新的减震器。

2.更换弹簧

（1）故障描述：弹簧断裂或弹性减弱，导致车身下沉、车辆不稳定或行驶颠簸。

（2）解决方法：如果弹簧断裂，应立即更换新的弹簧。如果弹性减弱，可能需要更换整个弹簧组。

3.调整或更换稳定杆

（1）故障描述：车身过度倾斜，可能是由于稳定杆弹性减弱或连杆损坏。

（2）解决方法：检查稳定杆和连杆，如有损坏或磨损，应更换相应的零件。如果稳定杆弹力下降，可能需要调整或更换稳定杆。

4.更换顶胶或平面轴承

（1）故障描述：过减速带时有异响，原地打方向时也有响声。

（2）解决方法：检查顶胶或平面轴承，如有磨损或损坏，应更换新的顶胶或平面轴承，或添加润滑脂。

5.更换平衡杆胶套

（1）故障描述：行驶和踩刹车时有异响。

（2）解决方法：检查平衡杆胶套，如有磨损或损坏，应更换新的胶套。

6.检查和调整车轮定位

（1）故障描述：车辆行驶不稳定，可能与车轮定位不准确有关。

（2）解决方法：重新调整车轮定位，确保车辆的前束、倾角和后倾角等参数符合制造商规定。

7.检查和更换悬挂臂球节

（1）故障描述：悬挂臂球节磨损可能导致行驶时的异响。

（2）解决方法：检查悬挂臂球节，如有磨损，应更换新的球节。

8.检查转向系统

（1）故障描述：转向不稳定，可能与转向系统故障有关。

（2）解决方法：检查转向系统，如有必要，进行修理或更换损坏部件。

9.检查轮胎

（1）故障描述：轮胎磨损不均或不平衡可能导致悬挂系统问题。

（2）解决方法：检查轮胎磨损情况，如有需要，更换新的轮胎或进行轮胎平衡。

在进行悬挂系统的故障排除时，应遵循安全操作规程，并在必要时寻求专业技术人员的帮助。定期维护和检查悬挂系统也是预防故障的重要措施。

二、刹车系统的故障诊断

（一）刹车系统的故障诊断流程

刹车系统的故障诊断流程是一个系统性的过程，旨在确保车辆的制动性能达到最佳状态。以下是详细的诊断步骤：

1.初步检查

（1）检查制动液

①检查制动液储罐的液位，确保液位在最低和最高标记之间。

②观察制动液的颜色，新液应为透明或浅黄色，如果变暗或有杂质，可能需要更换。

（2）检查制动盘和制动片

①观察制动盘是否有裂纹、变形或过度磨损的情况。

②检查制动片的厚度，确保其磨损未超过制造商推荐的最小厚度。

（2）检查刹车系统泄漏

检查刹车管路、接头和刹车泵是否有油迹，这可能是泄漏的迹象。

2.功能测试

（1）刹车踏板感觉

①在车辆静止状态下，踩下刹车踏板，感受其硬度。踏板应有一定的阻力，但不应过于硬或软。

②如果踏板过硬，可能是刹车助力系统的问题；如果踏板过软，可能是制动液不足或刹车系统有空气。

（2）刹车性能测试

①在安全的道路上进行刹车测试，确保车辆在预期的距离内能够平稳减速或停车。

②注意刹车时是否有异常声音，如尖叫、金属摩擦声等。

3.深入诊断

（1）使用诊断工具

①如果车辆配备有 ABS 系统，使用 OBD-II 扫描仪读取故障码，这样可以帮助定位问题。

②对于电子刹车系统，可能需要专业的诊断设备来检查 ECU。

（2）检查刹车助力系统

如果刹车踏板感觉异常，检查刹车助力泵和真空助力器，确保它们正常工作。

（3）检查刹车管路和接头

检查刹车管路是否有损坏、腐蚀或堵塞，以及接头是否紧固。

4.故障排除

（1）更换损坏部件

①如果发现制动片磨损严重，更换新的制动片。

②如果制动盘有损伤，可能需要更换或重新加工。

③如果刹车助力泵或真空助力器有问题，进行相应的维修或更换。

（2）调整刹车系统

如果刹车间隙不当，按照制造商的指导进行调整。

（3）排除空气

如果刹车系统中有空气，进行刹车系统的排气操作。

5.测试和验证

（1）在完成所有维修后，再次进行刹车测试，确保问题已经解决。

（2）如果问题仍然存在，可能需要进一步的专业诊断。

在整个故障诊断过程中，安全是最重要的。如果不确定如何进行，或者问题复杂，应寻求专业技术人员的帮助。定期检查和维护刹车系统是预防故障的关键。

（二）刹车系统的故障排除与维护

刹车系统的故障排除方法需要根据具体的问题来确定。以下是一些常见的刹车系统故障及其排除方法：

1.制动片磨损

（1）故障现象：刹车效果减弱，刹车时产生异常声音，如金属摩擦声。

（2）排除方法：检查制动片的磨损程度，如果磨损严重，需要更换新的制动片。同时，确保制动片安装正确，没有油污。

2.制动盘损伤

（1）故障现象：刹车时车辆震动，制动盘表面有明显划痕。

（2）排除方法：如果制动盘表面有轻微划痕，可以尝试用砂纸打磨平滑。如果损伤严重，可能需要更换新的制动盘。

3.制动液不足或泄漏

（1）现象：刹车踏板感觉软，踩下时行程过长。

（2）排除方法：检查制动液储罐，确保液位在最低和最高标记之间。如果液位低，添加制动液至规定位置。检查刹车管路和接头，修复任何泄漏点。

4.刹车助力失效

（1）故障现象：刹车踏板变硬，需要更大的力量才能刹车。

（2）排除方法：检查刹车助力泵和真空助力器，确保它们工作正常。如果助力泵或真空助力器损坏，需要更换。

5.刹车间隙不当

（1）故障现象：刹车时车辆震动，或者刹车效果不佳。

（2）排除方法：调整刹车间隙，确保制动片与制动盘之间的接触面积和压力适当。这通常需要专业的工具和知识。

6.刹车系统进入空气

（1）故障现象：刹车踏板感觉软，刹车效果不稳定。

（2）排除方法：进行刹车系统的排气操作，确保刹车系统中没有空气。这通常需要专业的设备和技术人员来完成。

7.刹车跑偏

（1）故障现象：车辆在刹车时向一侧偏移。

（2）排除方法：检查左右车轮的刹车系统，确保制动力均衡。可能需要调整制动片磨损程度、轮胎气压或更换磨损不均的轮胎。

8.刹车不回位

（1）故障现象：刹车踏板踩下后不回弹。

（2）排除方法：检查刹车踏板的自由行程，确保有足够的间隙。检查刹车助力系统，如有必要，更换损坏的部件。

在进行刹车系统的维修时，安全是最重要的。如果不确定如何操作，或者问题复杂，应寻求专业技术人员的帮助。定期检查和维护刹车系统是预防故障的关键。

三、转向系统故障诊断

（一）转向系统的故障诊断技巧

转向系统的故障诊断需要综合考虑多种因素，包括机械部件、液压系统以及电子控制系统。以下是一些基本的诊断技巧：

1.转向沉重

（1）初步诊断：使用弹簧秤在发动机转速 1500rpm 时，测量转向盘的切向手力。正常情况下，手力应在 35N±10N（3.5kg±1kg）以内。超过 45N（4.5kg）可判断为转向沉重。

（2）基本检查：检查转向助力泵是否正常工作，油液是否清洁，前桥负载是否正常，以及转向器、转向泵、助力缸等液压件是否有故障。

2.转向卡滞

（1）故障分类：机械卡滞、液压卡滞、偶然卡滞、快打瞬间卡滞等，每种故障对应的故障现象和处理方法有所不同。

（2）检查步骤：检查前桥前束尺寸，轮胎气压，前钢板弹簧的变形量，车轮制动器的松紧，以及车身和底盘部件的磨损情况。

3.转向跑偏

（1）检查项目：检查前轮前束，轮胎气压，前钢板弹簧的弹性，车轮制动器的拖滞情况，前轴或车架的变形，以及车辆底盘部件的磨损间隙。

4.转向不回位

（1）检查定位参数：检查主销后倾、主销内倾、前轮外倾和前轮前束等参数，这些参数影响车辆的自动回正作用。

（2）检查转向机构：在确保没有干涉的情况下，检查转向器、转向轮的间隙，以及转向桥的结构。

5.转向间隙大

（1）检查机械连接机构：转向管柱锁紧螺母、下轴间隙、十字轴间隙、节叉花键间隙、横直拉杆球头间隙等。

（2）检查转向器：转动方向盘，观察输入轴与输出轴是否同步，调整转向器螺杆/

螺母间隙。

6.转向助力泵检测

（1）检查转向助力泵的输出压力：使用专用工具检测转向助力泵的输出压力，确保其在正常范围内。

（2）检查转向助力泵的噪声和泄漏：在转向助力泵工作时，注意是否有异常噪声或油液泄漏。

7.转向机检测

（1）检查转向机的输入输出：确保转向机的输入和输出同步，调整间隙以保证转向的精确性。

（2）检查转向机的磨损情况：检查转向机内部的涡轮、涡杆磨损情况，以及间隙是否符合规定。

8.电子控制系统检查（如果适用）

对于配备电子转向助力系统的车辆，使用诊断工具，如 OBD-II 扫描仪，读取故障码，检查 ECU 的状态。

在进行转向系统的故障诊断时，应遵循安全操作规程，确保在安全的环境中工作。对于复杂的故障，可能需要专业的维修人员进行诊断和维修。定期的维护和检查也是预防转向系统故障的重要措施。

（二）转向系统的故障排除与调整

转向系统的故障排除方法通常涉及对系统的全面检查和维护，以下是一些常见的故障排除步骤：

1.更换损坏的转向部件

（1）转向器：如果转向器内部磨损或损坏，导致转向沉重或不精确，需要更换新的转向器。

（2）转向泵：动力转向泵如果出现泄漏或无法提供足够的压力，应更换或修理。

（3）转向油管：检查转向油管是否有裂纹、磨损或泄漏，必要时更换。

（4）转向助力器：如果助力器内部损坏，导致助力不足，应更换新的助力器。

（5）转向球头：球头磨损或损坏会导致转向不精确，需要更换。

2.调整转向系统

（1）转向间隙：检查并调整转向系统的间隙，确保转向盘和转向轮之间的同步性。

（2）转向角度：调整转向角度，确保车辆在直线行驶时方向盘能够自动回正。

（3）前轮定位：进行四轮定位，确保前轮前束、前轮外倾角和主销后倾角等参数正确。

3.检查和更换转向油液

（1）油液检查：定期检查转向油液的液位和质量，必要时更换。

（2）系统排气：如果转向系统中有空气，需要进行排气操作，以确保液压系统正常工作。

4.检查转向助力泵

（1）皮带检查：检查转向助力泵的驱动皮带，确保其张紧度适中，无磨损或打滑现象。

（2）泵体检查：检查转向助力泵本身，确保无泄漏，内部零件完好。

5.检查转向系统的电子控制单元（ECU）（如果适用）

（1）故障码：使用诊断工具读取 ECU 的故障码，根据故障码进行相应的维修。

（2）软件更新：如果 ECU 软件存在问题，可能需要进行软件更新。

6.检查轮胎和悬挂系统

（1）轮胎压力：确保轮胎气压正确，不均匀的轮胎磨损或气压不足都可能影响转向性能。

（2）悬挂系统：检查悬挂系统的各个部件，如减震器、弹簧、球头等，确保它们处于正常的工作状态。

在进行任何转向系统的维修工作时，应遵循车辆制造商的维修手册，并在必要时寻求专业技术人员的帮助。定期的维护和检查是预防转向系统故障的关键。

四、传动系统故障诊断

（一）传动系统的故障诊断要点

传动系统的故障诊断是确保汽车正常运行的关键环节。以下是一些诊断传动系统故障的基本要点：

1.检查驱动轴连接

（1）外观检查：检查驱动轴是否有裂纹、弯曲或过度磨损的现象。确保连接部件如万向节、轴承等无损坏。

（2）功能检查：在车辆行驶时，注意是否有异常噪声或震动，这可能是驱动轴连接出现问题的迹象。

2.检查差速器油

（1）油液检查：检查差速器油的液位和质量。油液应清洁，无杂质。如果油液颜色变黑或有金属颗粒，可能需要更换。

（2）泄漏检查：检查差速器是否有油液泄漏的迹象。泄漏可能导致差速器内部润滑不足，加速磨损。

3.检查离合器

（1）离合器踏板：检查离合器踏板的行程和阻力，确保没有异常。如果踏板行程过长或阻力过大，可能是离合器磨损或液压系统问题。

（2）离合器接合：在启动和换挡时，注意离合器是否能够平稳接合。如果接合不平稳，可能是因为离合器片磨损或液压系统故障。

4.检查变速器

（1）换挡顺畅性：在不同速度下换挡，确保换挡顺畅，没有异常噪声或困难。

（2）电子诊断：对于自动变速器，使用 OBD-II 扫描仪读取故障码，检查自动变速箱控制单元（TCU）的状态。

5.检查齿轮和轴承

（1）齿轮磨损：检查齿轮是否有磨损、断裂或损坏。齿轮磨损可能导致噪声和动力传递效率降低。

（2）轴承检查：轴承应平稳运行，无异常噪声。轴承损坏可能导致齿轮磨损和传动效率下降。

6.检查传动系统的电子控制单元（ECU）（如果适用）

（1）故障码读取：使用诊断工具读取 ECU 的故障码，这可以帮助定位问题。

（2）软件更新：如果 ECU 软件存在问题，可能需要进行软件更新。

7.检查安装对象

关注对中问题，确保传动系统的各个部件正确对中，不对中可能导致额外的磨损和噪声的产生。

8.定期维护

（1）润滑：确保所有需要润滑的部件得到适当的润滑。

（2）更换磨损部件：定期更换磨损的部件，如轴承等，并定期更换齿轮油。

在进行传动系统的故障诊断时，应遵循安全操作规程，并在必要时寻求专业技术人员的帮助。定期的维护和检查是预防故障的关键。

（二）传动系统的故障排除与维护

传动系统的故障排除方法通常需要根据故障的具体原因来确定。以下是一些常见的故障及其排除方法：

1.更换磨损的驱动轴

（1）故障现象：驱动轴出现裂纹、弯曲或过度磨损，导致异响或动力传递效率下降。

（2）排除方法：检查驱动轴的磨损情况，如果发现严重磨损，应更换新的驱动轴。在安装新驱动轴时，确保所有连接件安装正确，扭矩按规定值拧紧。

2.补充或更换差速器油

（1）故障现象：差速器油液位低或油质劣化，可能导致差速器内部磨损加剧。

（2）排除方法：检查差速器油液位，如果油位低，应补充至推荐水平。如果油质劣化（颜色变黑、有杂质），应彻底更换新油，并清洁差速器内部。

3.离合器故障排除

（1）故障现象：离合器打滑、异响或接合不平稳。

（2）排除方法：检查离合器片、压盘和飞轮的磨损情况，必要时更换磨损部件。检查液压系统，确保无泄漏，压力正常。

4.变速器故障排除

（1）故障现象：换挡困难、跳挡或乱挡。

（2）排除方法：检查变速器油液，确保油液清洁且液位适当。检查换挡机构，如同步器、齿轮等，必要时进行调整或更换。对于自动变速器，可能需要专业的诊断工具检查 ECU。

5.液压传动系统故障排除

（1）故障现象：液压泵不出油、压力异常。

（2）排除方法：检查液压泵的转向、吸油管和过滤器是否堵塞，轴向间隙或径向间隙是否过大。检查连接处是否有泄漏，油液黏度是否合适，以及油液温度是否过高。

6.齿轮和轴承故障排除

（1）故障现象：齿轮磨损或轴承损坏，导致噪声和动力传递效率降低。

（2）排除方法：检查齿轮和轴承的磨损情况，必要时更换新的齿轮或轴承。确保润滑系统正常工作，定期更换润滑油。

7.安装对中问题排除

（1）故障现象：由于安装对中不当导致的传动系统异常。

（2）排除方法：使用激光对中仪或其他专业工具进行精确对中，确保传动系统的各个部件正确安装。

在对传动系统进行故障排除时，应遵循制造商的维修手册，并在必要时寻求专业技术人员的帮助。定期的维护和检查也是预防传动系统故障的重要措施。

五、电子控制系统故障诊断

（一）电子控制系统的故障诊断工具与方法

使用 OBD-II 扫描仪进行电子控制系统故障诊断是一种高效且系统化的方法。以下是使用 OBD-II 扫描仪进行故障诊断的基本步骤：

1.准备工作

（1）找到 OBD-II 端口：通常位于驾驶员侧方的仪表板下方，有一个 16 针的诊断连接器。

（2）连接扫描仪：将 OBD-II 扫描仪连接到车辆的 OBD-II 端口。

2.读取故障码

（1）启动车辆：在某些情况下，需要启动车辆以激活 ECU。

（2）读取故障码：使用扫描仪读取存储在 ECU 中的故障码，这些代码可以帮助识别问题所在位置。

3.分析故障码

（1）故障码解释：每个故障码都有一个特定的含义，通常包括故障类型（如"P"代表动力总成，"C"代表底盘，"B"代表车身）和具体的故障描述。

（2）查阅维修手册：根据故障码，查阅车辆的维修手册或在线资源，了解故障码的具体含义和可能的故障原因。

4.进一步诊断

（1）数据流分析：许多高级 OBD-II 扫描仪可以显示实时数据流，如发动机转速、空气流量、燃油压力等，这有助于进一步诊断问题。

（2）执行元件测试：如果需要，可以执行元件测试，如激活转向灯或刹车灯，以检查其功能。

5.故障排除

（1）根据诊断结果：根据故障码和数据流分析的结果，确定故障部件并进行更换或修复。

（2）清除故障码：在问题解决后，使用扫描仪清除故障码，然后重新启动车辆以确认问题是否已解决。

6.记录和报告

（1）记录诊断过程：记录整个诊断过程和结果，这对于未来的维护和故障排除非常有用。

（2）提供报告：如果需要，向客户或维修中心提供详细的诊断报告。

在使用 OBD-II 扫描仪对电子控制系统进行故障诊断时，应确保遵循车辆制造商的指导和安全操作规程。对于复杂的电子系统问题，可能需要专业的维修人员进行诊断和维修。定期使用 OBD-II 扫描仪进行车辆检查，可以帮助车主及时发现和解决潜在问题，保持车辆的良好运行状态。

（二）电子控制系统的故障排除与软件更新

电子控制系统故障的排除方法通常涉及一系列的诊断和修复步骤，以确保系统的稳定运行。以下是一些常见的故障排除方法：

1.软件更新

（1）故障现象：系统运行不稳定，出现异常行为或错误代码。

（2）排除方法：检查是否有可用的软件更新或补丁，这些更新可能修复已知的软件缺陷。使用制造商提供的更新工具或服务进行软件更新。

2.更换电子控制单元（ECU）

（1）故障现象：ECU 损坏或无法正常工作，导致系统功能失效。

（2）排除方法：如果 ECU 内部元件损坏，可能需要更换整个控制单元。在更换前，应确保新 ECU 与车辆兼容，并按照制造商的指导进行安装。

3.检查传感器和执行器

（1）故障现象：传感器读数不准确或执行器响应异常。

（2）排除方法：使用诊断工具检查传感器的输出信号，确保其在正常范围内。对于执行器，检查其电气连接和机械部件，必要时进行更换。

4.检查电气连接和线路

（1）故障现象：电气连接松动或线路损坏，导致信号传输中断。

（2）排除方法：检查所有电气连接是否牢固，线路是否有磨损、断裂或腐蚀。使用万用表检查线路的连通性和电阻。

5.电源检查

（1）故障现象：电源不稳定或电压异常，影响系统性能。

（2）排除方法：检查电源模块和电源线路，确保电源供应稳定。如果有必要，更换损坏的电源模块。

6.环境因素检查

（1）故障现象：高温、湿度、震动等环境因素可能导致电子元件损坏。

（1）排除方法：确保控制系统的工作环境符合制造商的规格要求。如果环境条件恶劣，可能需要改善环境或采取其他控制措施。

7.故障代码和报警处理

（1）故障现象：系统显示故障代码或报警信息。

（2）排除方法：根据故障代码，检查相应的硬件和软件配置。如果故障代码指向特定部件，进行相应的检查和更换。

8.系统重置

（1）故障现象：系统偶尔出现临时性故障。

（2）排除方法：尝试对系统进行软重置，如关闭电源并重新启动。如果问题持续，可能需要进行更深入的诊断。

在对电子控制系统进行故障排除时，应遵循安全操作规程，并在必要时寻求专业技术人员的帮助。对于复杂的电子控制系统，可能需要使用专业的诊断工具和软件。定期的维护和检查也是预防故障的重要措施。

第三节 底盘检修案例分析与经验分享

一、底盘检修案例分析

（一）案例一：悬挂系统故障

悬挂系统是汽车的重要组成部分，负责支撑车辆重量、吸收路面冲击以及保持车辆稳定。以下是悬挂系统故障的具体情况、原因分析以及诊断和排除过程的描述：

1.悬挂系统故障的具体表现

（1）颠簸感增强：车辆在行驶过程中，尤其是在不平整路面上，颠簸感明显增强。

（2）车身下沉：车辆停放一段时间后，车身一侧或整体下沉。

（3）行驶不稳定：车辆在直线行驶时出现摇摆。

（4）异常噪声：在行驶过程中，尤其是在通过减速带或坑洼时，出现异常的金属敲击声或嘎吱声。

2.故障原因分析

（1）减震器泄漏：减震器内部的液压油泄漏，导致减震效果下降。

（2）弹簧断裂：弹簧承受过大压力或疲劳，导致断裂。

（3）悬挂臂或球头节磨损：悬挂臂或球头节的磨损可能导致车辆行驶时的异常噪声和不稳定。

（4）橡胶衬套老化：悬挂系统中的橡胶衬套老化，失去弹性，影响悬挂系统的正常工作。

3.故障诊断和排除过程

（1）初步检查

①使用目视检查法，观察悬挂系统的外观，寻找明显的损坏、磨损或泄漏迹象。

②在车辆静止状态下，检查车身高度，确保两侧对称，排除弹簧断裂或压缩的问题。

（2）功能测试

在安全的情况下，驾驶车辆，感受行驶过程中的稳定性和舒适性，注意任何异常表现。

（3）使用专业工具

①使用千斤顶将车辆抬起，以便更详细地检查悬挂系统。

②使用扳手和螺丝刀检查悬挂臂、球头节等部件的紧固情况。

（4）故障诊断

①如果车辆配备有电子控制悬挂系统，使用 OBD-II 扫描仪读取故障码，分析可能出现的问题。

②对于减震器，可以通过压缩测试来检查其工作状态。如果减震器无法正常压缩，可能需要更换。

（5）故障排除

①更换损坏的弹簧、减震器或悬挂臂。

②紧固或更换磨损的球头节和橡胶衬套。

③如果是电子控制的问题，根据故障码进行相应的软件更新或硬件更换。

（6）验证修复

在完成维修后，进行道路测试，确保悬挂系统恢复正常工作。

在对悬挂系统的整个诊断和排除过程中，应确保遵循安全操作规程，使用合适的工具，并在必要时寻求专业技术人员的帮助。定期的维护和检查是预防悬挂系统故障的关键。

（二）案例二：刹车系统异常

刹车系统异常的案例通常涉及刹车效果下降，或在刹车时出现异常声音，这些问题可能由多种原因引起。以下是一个典型的刹车系统异常案例及其诊断和排除过程：

1.刹车系统异常案例描述

一位车主报告其车辆在正常行驶中刹车效果减弱，尤其是在高速行驶或紧急制动时。

此外，车主还提到在刹车时会听到刺耳的金属摩擦声。

2.故障诊断步骤

（1）初步检查

①观察制动片：检查制动片的磨损情况，如果制动片磨损严重或已经磨损到警示线，需要更换。

②检查制动盘：检查制动盘是否有裂纹、变形或过度磨损的现象，这些问题都可能导致刹车效果减弱。

③检查制动液：检查制动液的液位和质量，确保液位在最低和最高标记之间，且制动液清洁无杂质。

（2）功能测试

①刹车踏板感觉：在安全的情况下，踩下刹车踏板，感受其硬度。如果踏板过硬或过软，可能是刹车助力系统的问题。

②刹车性能测试：在安全的道路上进行刹车测试，确保车辆能够在预期的距离内平稳减速或停车。

（3）深入诊断

①使用 OBD-II 扫描仪：如果车辆配备有 ABS 系统，使用 OBD-II 扫描仪读取故障码，可以帮助定位问题。

②检查刹车管路：检查刹车管路和接头是否有泄漏，这可能导致制动液压力不足。

3.故障排除经验

（1）更换制动片：如果制动片磨损严重，需要更换新的制动片。在安装新制动片时，确保刹车钳能够正确夹紧制动片。

（2）更换制动盘：如果制动盘有裂纹或过度磨损，应更换新的制动盘。在安装新制动盘时，确保其表面平整，无损伤。

（3）检查和更换制动液：如果制动液质量不佳或液位低，应更换新的制动液，并确保液位正确。

（4）检查刹车助力系统：如果刹车助力泵工作不正常，可能需要更换或修理。

（5）检查刹车管路：如果发现刹车管路有泄漏，应更换损坏的管路，并确保所有接头紧固。

在进行刹车系统的维修时，安全是最重要的。如果不确定如何操作，或者问题复杂，应寻求专业技术人员的帮助。定期检查和维护刹车系统是预防故障的关键。

（三）案例三：转向系统问题

1.转向系统问题案例描述

一位车主报告其车辆在行驶时转向变得异常沉重，尤其是在低速行驶时，方向盘需要较大的力气才能转动。此外，车主还注意到在直线行驶时车辆有时会轻微偏离，需要不断调整方向盘以保持正确的行驶方向。

2.可能的原因分析

（1）转向助力泵故障：如果转向助力泵工作不正常，可能导致转向助力不足，使得转向变得沉重。这可能是由于泵内部磨损、密封件损坏或泵内部压力不足。

（2）转向器磨损：转向器内部的齿轮或涡轮、涡杆磨损可能导致转向不精确，需要更大的力量来转动方向盘。

（3）转向系统液压油不足或污染：液压油液位低或油质劣化可能导致转向助力不足，而油液污染则可能影响液压系统的工作效率。

（4）转向系统电子控制单元（ECU）问题：对于配备电子助力转向（EPS）的车辆，ECU的故障可能导致转向助力失灵。

3.故障排除详细过程

（1）初步检查

①检查转向助力泵：检查泵的运行状态，是否有异常噪声，以及液压油液位是否正常。

②检查转向器：在车辆被抬起的情况下，检查转向器是否有磨损或损坏的迹象。

③检查液压油：检查液压油的液位和质量，必要时补充或更换液压油。

（2）深入诊断

①使用诊断工具：对于配备EPS的车辆，使用OBD-II扫描仪读取故障码，分析ECU的状态。

②检查转向系统连接：检查转向系统的连接部件，如转向轴、球头节等，确保它们没有磨损或松动。

（3）故障排除

①更换转向助力泵：如果泵损坏，需要更换新的转向助力泵。

②更换转向器：如果转向器磨损严重，应更换新的转向器。

③调整转向系统：对于机械转向系统，可能需要调整转向角度和间隙，确保转向系

统的正确对中。

④软件更新：对于电子助力转向系统，如果 ECU 软件存在问题，可能需要进行软件更新。

（4）验证修复

在完成维修后，进行道路测试，确保转向系统恢复正常工作，转向轻便且准确。

在进行转向系统的维修时，应确保遵循安全操作规程，并在必要时寻求专业技术人员的帮助。定期的维护和检查是预防转向系统故障的关键。

二、底盘检修经验分享

（一）底盘预防性维护的重要性

定期检查底盘系统对于预防潜在故障和确保车辆安全运行至关重要。底盘系统包括悬挂系统、刹车系统、转向系统、传动系统等多个关键部件，它们共同支撑车辆并影响其操控性。以下是对底盘进行预防性维护的重要性分析，以及常规项目和建议频率：

1.预防性维护的重要性

（1）安全：底盘系统的任何故障都可能导致严重的安全问题，如刹车失效、转向失灵等。

（2）性能：定期维护有助于保持车辆的最佳性能，确保操控稳定和舒适。

（3）寿命：通过预防性维护，可以延长底盘部件的使用寿命，减少因磨损或损坏导致的更换成本。

（4）经济：及时发现并修复小问题，可以避免大修，节省维修费用。

2.预防性维护的常规项目

（1）轮胎检查：每月检查轮胎压力，确保在推荐范围内；每 5000 至 10000 公里进行轮胎换位，以均匀磨损。

（2）刹车系统：每 6 个月或每 10000 公里检查制动片磨损情况，必要时更换；检查制动液液位和质量。

（3）悬挂系统：每 12000 至 15000 公里检查悬挂部件，如减震器、弹簧、球头节等，检查是否有磨损或损坏。

（4）转向系统：每 12000 至 15000 公里检查转向助力泵和转向器，确保转向系统工作正常。

（5）传动系统：每 30000 至 60000 公里更换变速器油，检查驱动轴、万向节等部件。

（6）底盘清洁：定期清洁底盘，防止腐蚀和锈蚀，特别是在冬季使用融雪剂后。

3.预防性维护的建议频率

（1）日常检查：每次驾驶前后，检查轮胎压力和外观，观察是否有异常。

（2）定期检查：每 6 个月或每 5000 至 10000 公里进行一次全面的底盘系统检查。

（3）季节性检查：在季节变化时，如冬季来临前，检查刹车系统和轮胎，确保车辆能适应恶劣天气条件。

请注意，这些频率和项目仅供参考，具体维护计划应根据车辆制造商的建议和车辆使用情况调整。对于新车或高性能车辆，可能需要更频繁的检查和维护。

（二）底盘检修的故障诊断技巧

实用的故障诊断技巧对于快速定位问题并进行有效维修至关重要。在对底盘进行故障诊断时，可以运用一些基本的故障诊断方法，包括使用 OBD-II 扫描仪和专业诊断工具，以及通过观察和听觉来初步判断故障。以下是具体方法的描述：

1.使用 OBD-II 扫描仪和专业诊断工具

（1）OBD-II 扫描仪

①读取故障码：连接 OBD-II 扫描仪到车辆的诊断接口，读取存储在车辆 ECU 中的故障码。这些代码可以帮助驾驶员或维修人员了解故障的性质和位置。

②实时数据流：许多高级 OBD-II 扫描仪可以显示实时数据流，如发动机转速、冷却液温度、燃油压力等，这有助于分析车辆的运行状态。

③执行元件测试：一些扫描仪能使驾驶员或维修人员激活或测试车辆的某些系统，如转向灯、刹车灯等，以检查其功能是否正常。

（2）专业诊断工具

①多用电表：用于测量电压、电流和电阻，检查电气系统的完整性。

②示波器：分析传感器信号的波形，如氧传感器、曲轴位置传感器等，以确定信号是否正常。

③压力计：检查液压系统（如刹车系统、动力转向系统）的压力，确保系统正常工作。

2.通过观察和听觉初步判断故障

（1）观察

①外观检查：检查车辆外观，寻找任何明显的损伤、泄漏或磨损迹象。

②液体泄漏：检查地面是否有油迹或液体泄漏，这可能是发动机、变速器或刹车系统的问题。

③轮胎磨损：不均匀的轮胎磨损可能表明悬挂系统或车轮定位出现问题。

（2）听觉

①异常噪声：在车辆运行时，注意任何异常的噪声，如金属敲击声、咝咝声或爆裂声，这些可能是机械部件磨损或损坏的迹象。

②启动困难：如果发动机启动困难或有异常声音，可能是电池、启动器或点火系统的问题。

③运行噪声：在行驶过程中，注意发动机、排气系统或悬挂系统的异常噪声，这可能是部件磨损或损坏的信号。

在对底盘进行故障诊断时，安全始终是首要考虑的因素。如果问题复杂或超出个人能力范围，应寻求专业技术人员的帮助。定期的维护和检查也是预防底盘故障的关键。

（三）安全操作规程

在进行底盘检修时，遵循安全操作规程的重要性不言而喻，因为不当的操作可能导致严重的人身伤害或设备损坏。以下是一些安全操作的最佳实践：

1.使用千斤顶

（1）在使用千斤顶抬起车辆之前，确保车辆完全停止并处于空挡，手刹已拉起。

（2）在平坦且坚实的地面上使用千斤顶，避免地面不平导致的车辆滑动。

（3）使用车辆制造商推荐的千斤顶，确保其承载能力足够支撑车辆重量。

（4）在车辆被完全抬起之前，不要站在车辆下方或进行检修工作。

（5）在车辆下方工作时，使用安全支架（如车辆千斤顶支架）来支撑车辆，确保在千斤顶失效时车辆不会突然下落。

2.安全支架的使用

（1）在使用千斤顶抬起车辆后，立即安装安全支架，确保车辆稳定。

（2）检查安全支架的完整性，确保没有损坏或磨损。

（3）在进行底盘检修时，不要依赖千斤顶的锁定机制，始终使用安全支架作为主要支撑。

3.个人防护装备

（1）穿戴适当的个人防护装备，如安全眼镜、手套、工作服和安全鞋。

（2）如果需要，使用耳塞或耳罩来保护听力，特别是在使用电动工具时。

4.工具和设备的正确使用

（1）使用正确的工具进行工作，避免使用不合适的工具可能导致的事故。

（2）在使用电动工具时，确保电源线远离移动部件，以防缠绕。

5.工作区域的安全

（1）确保工作区域清洁、无杂物，以减少滑倒或绊倒的风险。

（2）在工作区域设置警示标志，防止他人进入。

6.紧急准备

（1）准备紧急医疗包和灭火器，以防万一。

（2）确保在紧急情况下能够快速联系到救援服务。

7.工作后的检查

（1）在完成检修并放下车辆后，再次检查所有连接和紧固件，确保一切安全。

（2）在车辆完全放下并移除千斤顶和安全支架之前，不要启动发动机或移动车辆。

遵循这些安全操作规程和最佳实践，可以显著降低在底盘检修过程中发生事故的风险，确保维修工作的顺利进行。

（四）底盘故障排除后的验证

在故障排除后进行道路测试和功能验证是确保车辆安全和性能恢复到预期水平的关键步骤。以下是进行道路测试和功能验证的一般流程，以及如何确保所有系统正常工作的方法：

1.道路测试和功能验证流程

（1）准备工作

①检查维修记录：在测试前，仔细检查维修记录，确保所有维修项目都已完成。

②预热车辆：让车辆预热至正常工作温度，以确保所有系统（尤其是发动机和润滑系统）处于最佳状态。

（2）初步检查

①静态检查：在车辆静止状态下，检查所有外部照明设备、信号灯等是否正常工作。

②仪表板检查：观察仪表盘上的指示灯，确保没有异常警告灯亮起。

（3）动态测试

①低速行驶：在低速下行驶，感受车辆的操控性和稳定性。

②加速和制动测试：在安全的道路上进行加速和紧急制动测试，确保车辆响应迅速且稳定。

③转向测试：在不同速度下进行转向，检查转向系统的响应性和准确性。

④高速行驶：在允许的高速下行驶，评估车辆在高速状态下的稳定性和噪声水平。

（4）特殊功能测试

①电子系统测试：如果车辆配备了先进的驾驶辅助系统（如自适应巡航控制、车道保持辅助等），确保这些系统在修复后仍能正常工作。

②传感器和执行器测试：对于涉及传感器和执行器的故障，如刹车系统、转向系统，进行专门的功能测试。

（5）数据记录

①使用诊断工具：如果可能，使用 OBD-II 扫描仪等工具记录车辆运行数据，包括速度、加速度、制动力等。

②记录异常现象：在测试过程中，详细记录任何异常声音、震动或性能下降的迹象。

（6）故障诊断

①分析数据：根据收集到的数据和观察到的现象，分析可能存在的问题。

②进一步测试：如果发现问题，进行更深入的诊断和测试。

（7）验证修复

①重复测试：在更换或调整部件后，重复进行功能测试，确保问题已经解决。

②客户参与：如果可能，邀请客户参与部分测试，收集他们的直接反馈。

2.确保系统正常工作的方法

（1）数据记录：详细记录整个测试过程和结果，包括任何异常现象和后续的维修措施。

（2）专业评估：在必要时，邀请专业技术人员进行评估，确保所有系统都经过了充分的测试。

（3）客户反馈：在交付车辆给客户之前，确保客户对车辆的性能比较满意。

（4）持续监控：在车辆交付后，建议客户在一段时间内进行定期检查，以确保所有系统长期稳定运行。

维修人员通过这些步骤，可以确保在故障排除后，车辆的所有系统都经过了全面的测试和验证，从而增强客户满意度并降低未来发生故障的风险概率。

参 考 文 献

[1]车小平. 汽车底盘构造与维修一体化教程：附微课视频[M]. 北京：人民邮电出版社，2017.

[2]陈纪民. 汽车底盘构造与维修[M]. 北京：中国劳动社会保障出版社，2018.

[3]陈晓明，杜志彬，侯海晶. 智能网联汽车技术基础[M]. 北京：机械工业出版社，2020.

[4]成起强. 汽车底盘构造与维修[M]. 湖南：中南大学出版社，2017.

[5]杜晓辉，李臣华，白秀秀. 汽车底盘构造与检修[M]. 北京：北京理工大学出版社有限责任公司，2019.

[6]何向东. 汽车底盘机械维修[M]. 重庆：重庆大学出版社，2019.

[7]黄海涛. 汽车底盘结构与检修[M]. 北京：中国质检出版社，2019.

[8]蒋红梅，吴国强. 汽车检测与诊断技术[M]. 北京：人民交通出版社，2017.

[9]李东兵，杨连福. 智能网联汽车底盘线控系统装调与检修[M]. 北京：机械工业出版社，2021.

[10]李嘉泽. 汽车检测与维修[M]. 北京：化学工业出版社，2021.

[11]李军，黄志永. 汽车检测技术 大中专高职交通[M]. 北京：人民交通出版社，2023.

[12]李土军. 图解汽车底盘结构、原理与维修[M]. 北京：化学工业出版社，2022.

[13]李伟. 图解新型汽车底盘拆装与检修：新型汽车底盘拆装与检修[M]. 北京：机械工业出版社，2014.

[14]刘建华. 汽车底盘构造与维修[M]. 北京：机械工业出版社，2017.

[15]刘建军，高浩，徐思明. 汽车检测与维修：底盘与电器分册[M]. 四川：西南交通大学出版社，2019.

[16]刘良，卿龙. 汽车检测与故障诊断[M]. 北京：机械工业出版社，2018.

[17]栾琪文，于京诺. 汽车底盘及车身电控系统维修[M]. 北京：机械工业出版社，

2019.

[18]骆莉莉，胡波勇. 汽车构造与拆装[M]. 北京：电子工业出版社，2022.

[19]吴旭亭. 乘用车底盘系统开发：车辆动力学原理应用与正向开发工程实践[M]. 北京：机械工业出版社，2023.

[20]宁斌，黄龙进，温继峰. 汽车底盘构造与维修一体化教材[M]. 北京：电子工业出版社，2022.

[21]庞宏，程慧民，张岸松. 汽车检测与诊断技术[M]. 北京：金盾出版社，2014.

[22]阮观强，张振东. 汽车电器与电子控制技术[M]. 北京：机械工业出版社，2021.

[23]孙国君，张维军. 汽车检测与维修基础技能训练[M]. 北京：化学工业出版社，2018.

[24]王冬良，徐志军. 汽车诊断与维修工程[M]. 北京：机械工业出版社，2019.

[25]王盛良. 汽车底盘构造与检修技术[M]. 北京：机械工业出版社，2017.

[26]谢剑. 汽车检测与诊断技术[M]. 湖南：国防科技大学出版社，2017.

[27]杨智勇，黄艳玲，李培军.汽车底盘机械系统构造与检修一体化教程[M]. 北京：机械工业出版社，2021.

[28]尹维贵. 汽车底盘构造与维修一体化教程（配实训工作页）[M]. 北京：机械工业出版社，2023.

[29]袁金辉，于兆佳. 汽车底盘检测与维修[M]. 北京：北京理工大学出版社，2020.

[30]赵祥模. 汽车检测诊断技术[M]. 北京：人民交通出版社，2022.